地铁盾构隧道施工对邻近桩基和地埋管线的影响研究

马少坤 等著

机械工业出版社

本书以城市地铁盾构隧道施工对邻近桩基和地埋管线的影响为研究重点，阐述了三种用于分析该问题的主流研究方法，即三维离心模型试验、数值模拟分析及解析方法，揭示了隧道-土-桩及隧道-土-管线的相互作用机理和荷载传递机理，介绍了预测及评价隧道开挖对邻近地埋管线影响的方法等相关内容。

本书可供高等院校岩土工程、地下结构工程及相关专业研究生选用，也可供从事地铁隧道设计、施工及环境评价的工程技术人员参考使用。

图书在版编目（CIP）数据

地铁盾构隧道施工对邻近桩基和地埋管线的影响研究/马少坤等著.—北京：机械工业出版社，2021.6
ISBN 978-7-111-69863-0

Ⅰ.①地… Ⅱ.①马… Ⅲ.①地铁隧道-隧道施工-盾构法-研究 Ⅳ.①U231.3

中国版本图书馆 CIP 数据核字（2021）第 258687 号

机械工业出版社（北京市百万庄大街 22 号　邮政编码 100037）
策划编辑：李　帅　　　责任编辑：李　帅
责任校对：陈　越　李　婷　　封面设计：张　静
责任印制：刘　媛
北京盛通商印快线网络科技有限公司印刷
2022 年 9 月第 1 版第 1 次印刷
184mm×260mm・10.25 印张・251 千字
标准书号：ISBN 978-7-111-69863-0
定价：49.00 元

电话服务　　　　　　　　网络服务
客服电话：010-88361066　　机　工　官　网：www.cmpbook.com
　　　　　010-88379833　　机　工　官　博：weibo.com/cmp1952
　　　　　010-68326294　　金　书　网：www.golden-book.com
封底无防伪标均为盗版　　　机工教育服务网：www.cmpedu.com

前 言

随着城市现代化的快速发展,城市交通拥挤及人们出行难已成为亟待解决的问题,地铁以其快捷、准时、运量大及节能环保等巨大优势,作为缓解城市交通压力的重要手段受到人们的广泛青睐。地铁隧道大都穿越地下建(构)筑物密布区域,如建(构)筑物桩基、地埋管线、地下综合管廊、既有地铁隧道等,其建设过程将不可避免地会引起周围土体位移及应力松弛,使得邻近地下建(构)筑物产生过大的附加位移和附加应力,甚至可能会引发路面塌陷、建筑物开裂受损、管线破坏等严重事故。因此,受隧道开挖影响的邻近桩基、地埋管线、地下综合管廊、既有地铁隧道能否正常安全地服役已成为目前城市地铁隧道建设中各方关注的重点,尤其一些大型公共建筑物桩基已严重老化甚至已超过服役年限的地埋管线,其在地铁隧道施工扰动情况下的工作性能,更是成为地铁隧道设计、施工、运维、管养中关注的焦点。

本书第一作者马少坤在博士导师同济大学黄茂松教授和博士后合作导师香港科技大学吴宏伟教授的指导下,一直从事隧道-土-结构相互作用等问题的科研工作,并将先进的土工离心模型试验技术应用至地基与基础工程、隧道工程的原创性研究中。经过近10年的研究总结,将以下几部分特色内容整理于本书中。

1)精细化三维离心试验用隧道模型。在地铁隧道施工对邻近既有桩基影响的研究中,采用了一种通过排水法精确控制地层损失率的三维离心模型试验用隧道模型,该模型能较好地模拟隧道分段开挖的三维空间效应;在地铁隧道施工对邻近地埋管线的影响研究中,克服了常规离心模型试验中只能模拟隧道开挖所致土体地层损失效应的不足,该隧道模型可以同时模拟盾构隧道施工引起的地层损失效应和质量损失效应。

2)精细化三维数值模拟模型。采用了一种高级本构模型——Hypoplastic Model(HP模型)来描述土体的力学行为,该模型能较好地反映土体强度的应力路径相关性以及土体在小应变范围内土体刚度的状态相关性、应变相关性及应力路径相关性;采用了基于地层损失率的隧道开挖模拟方法,该方法能准确地模拟隧道开挖所致地层损失效应和质量损失效应。

3)利用离心模型试验和有限单元法,系统研究了隧道施工对邻近既有桩基的影响,对不同桩-隧相对位置工况下地铁隧道开挖对邻近群桩的影响、地下水位循环变化时隧道开挖对群桩的长期影响开展了研究工作,并提出了不同相对埋置深度隧道施工对群桩影响的力学模型。

4)利用离心模型试验和有限单元法,系统研究了隧道施工对既有地埋管线的影响,对不同埋深、不同开挖顺序及不同布置形式的双隧道开挖对地表沉降、管线沉降、管线弯曲应变的影响开展了系统的研究工作,提出了一种双隧道开挖所致管线沉降及弯曲应变的预测方法,该方法合理考虑了后续隧道开挖所致累积塑性应变及上覆隧道遮拦效应对管-土相对刚度的影响;提出了一种能合理反映土体应变变化的管-土相对刚度的计算式,并给出了管-土相对刚度与管线相对曲率和管-土相对刚度与管线相对沉降的关系式,同时验证了所提出关系式的适用性及可靠性；提出了一种新的适用于描述节点管线管-土相对刚度的表达式，并给出了管-土相对刚度与管线相对转角的关系式，同时对此关系式的适用性和可靠性进行了验证。

  本书由马少坤和邵羽统稿，马少坤编写第 1、2、7 章，邵羽编写第 3、4、8 章，刘莹编写第 5 章，陈欣编写第 6 章，段智博编写第 9 章。

  本书的研究工作是在第一作者马少坤主持的国家自然科学基金"圆砾地基中双隧道施工和运营期致灾机理及防治研究"（51678166）、"考虑膨胀土地基应力历史及地下水位季节性变化隧道开挖对桩作用机理研究"（51068002）和"互层组合膨胀岩土地基中隧道对邻近管线作用及致灾机理研究"（41362016）的支持下完成的，所有大型离心模型试验工作均在香港科技大学土工离心实验中心完成，特此致谢！

  由于作者水平有限，本书中肯定存在许多不足之处，敬请读者批评指正。

马少坤

2020 年 1 月

目 录

前言
第1章 绪论 ································· 001
1.1 引言 ··································· 001
1.1.1 研究背景 ····················· 001
1.1.2 研究意义 ····················· 004
1.2 国内外相关研究现状 ············· 004
1.2.1 隧道施工所致地层位移分布研究现状 ························· 004
1.2.2 隧道施工对邻近桩基影响的研究现状 ························· 015
1.2.3 隧道施工对邻近管线影响的研究现状 ························· 018
1.3 本书的主要内容及研究方法 ········ 020

第2章 三维离心模型试验基本原理及试验设备 ······················ 021
2.1 引言 ··································· 021
2.2 离心模型试验原理 ··················· 021
2.2.1 离心模型试验的运动学原理 ····· 022
2.2.2 离心模型试验基本原理 ········· 022
2.3 离心模型试验相似比 ··············· 023
2.3.1 静力模型试验的相似比 ········· 024
2.3.2 固结问题的相似比 ············· 025
2.4 离心模型试验设备 ··················· 025

第3章 地铁盾构隧道施工对邻近桩基影响的三维离心模型试验 ······ 028
3.1 引言 ··································· 028
3.2 离心模型试验方案 ··················· 028
3.2.1 单隧道施工对桩基影响的试验方案 ······························ 028
3.2.2 双隧道施工对桩基影响的试验方案 ······························ 029
3.2.3 地下水位循环变化时双隧道对桩基长期影响的试验方案 ········· 029
3.3 离心模型试验尺寸及试验土样 ····· 029
3.3.1 离心模型试验尺寸 ············· 029
3.3.2 离心模型试验用土 ············· 029
3.4 模型制作及地层损失的模拟 ········ 030

3.4.1 模型桩 ························· 030
3.4.2 模型隧道 ······················· 030
3.4.3 模型安装制备 ·················· 031
3.5 测量仪器的选择与布置 ············· 032
3.6 试验准备及试验步骤 ··············· 034

第4章 地铁盾构隧道施工对邻近地埋管线影响的离心模型试验 ······ 035
4.1 引言 ··································· 035
4.2 离心模型试验方案 ··················· 035
4.2.1 不同埋深双隧道施工对既有管线影响的试验方案 ············ 035
4.2.2 双隧道不同施工顺序及不同相对位置对既有管线影响的试验方案 ···························· 036
4.3 离心模型试验尺寸及试验用土 ····· 039
4.4 模型制作及地层损失的模拟 ········ 041
4.4.1 模型管 ························· 041
4.4.2 模型隧道 ······················· 044
4.4.3 模型安装制备 ·················· 047
4.5 测量仪器的选择与布置 ············· 053
4.6 离心模型试验过程 ··················· 053

第5章 地铁盾构隧道施工对邻近桩基和地埋管线影响的三维数值模拟 ······························· 054
5.1 引言 ··································· 054
5.2 土体特性分类 ······················· 054
5.3 盾构隧道施工模拟方法 ············· 058
5.4 盾构隧道施工对邻近既有桩基影响的三维数值模拟分析 ··············· 059
5.4.1 有限元模型尺寸、网格及边界条件 ······························ 059
5.4.2 土体本构模型相关参数 ········· 061
5.4.3 有限元模拟步骤 ················ 061
5.5 盾构隧道施工对邻近既有管线影响的三维数值模拟 ······················ 062
5.5.1 有限元模型尺寸、网格及边界条件 ······························ 062

5.5.2　土体本构模型相关参数 …………… 063

5.5.3　有限元模拟步骤 …………………… 067

第6章　地铁单隧道施工对邻近既有桩基的影响分析 …………… 068

6.1　引言 …………………………………… 068

6.2　数值模拟方案 ………………………… 068

6.3　单隧道施工对邻近既有桩基影响的三维离心模型试验结果 …………… 069

 6.3.1　对地表沉降的影响 …………… 069

 6.3.2　对桩基附加变形的影响 ……… 070

 6.3.3　对桩基附加轴力的影响 ……… 070

 6.3.4　对桩基附加弯矩的影响 ……… 071

6.4　单隧道施工数值模拟与离心模型试验结果对比分析 …………………… 071

6.5　不同埋深单隧道施工对邻近桩基的影响分析 ………………………… 072

 6.5.1　对地表沉降的影响 …………… 072

 6.5.2　对桩基附加变形的影响 ……… 073

 6.5.3　对桩基附加轴力的影响 ……… 076

 6.5.4　对桩基附加弯矩的影响 ……… 077

第7章　地铁双隧道施工对邻近既有桩基的影响分析 …………… 082

7.1　引言 …………………………………… 082

7.2　数值模拟方案 ………………………… 082

7.3　双隧道施工对邻近既有桩基影响的三维离心模型试验结果 …………… 083

 7.3.1　对地表沉降的影响 …………… 083

 7.3.2　对桩基附加变形的影响 ……… 084

 7.3.3　对桩基附加轴力的影响 ……… 084

 7.3.4　对桩基附加弯矩的影响 ……… 086

7.4　双隧道施工数值模拟与离心模型试验结果对比分析 …………………… 087

7.5　不同埋深双隧道施工对邻近桩基的影响分析 ………………………… 088

 7.5.1　对地表沉降的影响 …………… 088

 7.5.2　对桩基附加变形的影响 ……… 090

 7.5.3　对桩基附加轴力的影响 ……… 091

 7.5.4　对桩基附加弯矩的影响 ……… 093

7.6　考虑地下水位循环变化双隧道对桩基的长期影响分析 ………………… 096

 7.6.1　对地表长期沉降的影响 ……… 096

 7.6.2　对桩顶长期附加沉降的影响 … 097

 7.6.3　对桩基附加轴力的影响 ……… 097

 7.6.4　对桩基附加弯矩的影响 ……… 098

第8章　地铁不同埋深盾构双隧道施工对既有管线的影响分析 …… 101

8.1　引言 …………………………………… 101

8.2　数值模拟方案 ………………………… 101

 8.2.1　不同埋深双隧道施工对既有连续管线影响的数值模拟方案 … 101

 8.2.2　双隧道不同施工顺序及不同布置位置对既有连续管线影响的数值模拟方案 …………………… 101

8.3　不同埋深双隧道施工对既有管线的影响分析 ………………………… 102

 8.3.1　管线正上方地表沉降 ………… 102

 8.3.2　管线沉降 ……………………… 104

 8.3.3　管线纵向弯曲应变 …………… 105

8.4　不同施工顺序及布置形式盾构双隧道施工对既有管线的影响分析 …… 109

 8.4.1　管线正上方地表沉降 ………… 109

 8.4.2　管线沉降 ……………………… 110

 8.4.3　管线纵向弯曲应变 …………… 112

8.5　试验结果与叠加原理所得结果对比 … 115

第9章　地铁盾构双隧道施工对管线影响的预测分析 …………… 120

9.1　引言 …………………………………… 120

9.2　双隧道施工所致地层沉降经验公式对比分析 ………………………… 120

9.3　管-土相互作用机理 ………………… 122

9.4　盾构双隧道施工对连续管线影响的预测分析 ………………………… 125

 9.4.1　基于连续管-土相互作用机理的分析方法及其验证 ………… 125

 9.4.2　基于无量纲化分析的双隧道开挖所致连续管线影响的预测公式 … 126

 9.4.3　预测公式的可靠性及连续管线评价准则 …………………… 130

9.5　盾构双隧道施工对节点管线影响的预测分析 ………………………… 135

 9.5.1　基于节点管-土相互作用机理的分析方法及其验证 ………… 135

 9.5.2　基于无量纲化分析的双隧道开挖所致节点管线影响的预测公式 … 138

 9.5.3　预测公式的可靠性及节点管线评价准则 …………………… 143

参考文献 ………………………………… 145

第 1 章

绪　论

1.1　引言

1.1.1　研究背景

随着城市现代化的快速发展，城市交通拥挤及人们出行难已成为亟待解决的问题，城市地铁以其快捷、准时、运量大等优点，作为缓解城市交通压力的重要手段受到人们广泛青睐。截至 2017 年底，我国共有 62 个城市（不含港澳台地区）的城轨交通线网规划获批，运营线路长度达到 5033km，其中，地铁 3884km，占比 77.2%，在建线路长度 6246km，规划线路总长 7321km[1]。但地铁隧道大都穿越地下建（构）筑物密布区域，如建筑物桩基、桥梁桩基、地埋管线等（图 1-1），地铁隧道的施工将不可避免地对周围环境产生影响，从而影响其邻近建（构）筑物的正常使用，因地铁隧道施工导致的地面塌陷、建筑物损毁、地埋管线破坏及因此引起的通信中断、自来水管爆裂、污水外流、煤气泄漏等工程事故屡见不鲜，带来巨大经济损失甚至危及人们的生命安全。

图 1-1　建（构）筑物密布的地下空间[2]

近年来，由隧道施工引发的工程事故层出不穷。如：2003 年 7 月 1 日，上海地铁 4 号线浦东南路段发生渗水，引发地层变形以致大面积的路面沉降，导致附近的建筑物（中山南路 847 号 8 层楼房）发生倾斜，部分裙楼倒塌，如图 1-2 所示；2007 年 10 月 5 日 3 点左右，广州如意坊正在进行隧道暗挖施工的工地，突然塌陷出一个深约 5.6m、面积约 300m² 的大坑，一座面积 80m² 的餐厅当场被埋进了泥水中，未造成人员伤亡，如图 1-3 所示；2006 年 1 月某日上午，广州市地铁线某区间盾构施工路面发生沉陷，沉陷直径约为 6m，深度为 60 cm，造成水泥路面从四周朝路心凹陷，中心处下沉半米多深，路面的围墙受到牵引，墙壁出现大量裂痕；2006年1月3日0点30分，北京地铁10号线隧道暗挖引起京广中心附近主干道塌陷，造成路面坍塌坑长度达20m，宽10m，深度则有12m左右，形成一个约200m²的大坑，如图1-4所示；2005年11

图1-2　上海4号地铁线浦东南路段施工引发邻近建筑物倾斜倒塌

图1-3　广州暗挖施工隧道引起地面塌陷及邻近建筑物沉降

图1-4　北京地铁10号线隧道暗挖引起京广中心附近主干道塌陷现场

月 3 日北京地铁 10 号线农展桥附近因地铁隧道施工而导致其上覆自来水管爆裂,爆裂漏水导致农展桥附近辅道多处塌陷;2005 年 12 月 1 日北京地铁 10 号线熊猫环岛地铁车站明挖基坑施工过程中因堆载超标,引起基坑东侧多根自来水管断裂,大量漏水导致基坑坍塌,坍塌面积约 500m²,事故造成熊猫环岛附近供水、燃气、供暖、供电、通信等市政基础设施不同程度的破坏;2006 年 1 月 3 日北京地铁 10 号线金(金台夕照站)-呼(呼家楼站)区间站京广桥附近因隧道施工导致附近污水管爆裂,大量涌水导致地面突然塌陷,塌陷面积约 300m²(图 1-5);2014 年 7 月 31 日台湾省高雄市因地层位移导致地埋石化管道可燃气体泄漏,从而产生剧烈爆炸,事发地整条街道被掀翻,现场满目疮痍(图 1-6)。

为切实加强城市地下管线建设管理,保障城市安全运行,提高城市综合承载能力和城镇化发展质量,国务院办公厅〔2014〕27 号文《国务院办公厅关于加强城市地下管线建设管理的指导意见》,号召开展全国范围内的城市地下管线普查工作,全面查清城市范围内的地下管线现状,获取准确的管线数据,掌握地下管线的基础信息情况和存在的事故隐患。例如,北京市将地铁隧道建设过程中所引起的供水、供电管道断裂、爆炸等工程事故列为一级突发事故,地铁隧道施工过程中应对沿线的地埋管线进行细致勘察,掌握其工作现状,对易

图 1-5　北京地铁 10 号线京广桥附近隧道事故现场[3]

受损段加密监测点,提高监测频率,必要时应进行加固、悬吊处理。但是这将使得管线的维护及加固成本陡增,以广州地铁 1 号线为例,仅地埋管线迁改工程就花费将近 2 亿元。

综上所述,地铁隧道建设过程中如何采用经济有效的措施对邻近桩基和既有地埋管线进行保护,已成为地铁建设参与者首先要解决的关键问题。这就迫

图 1-6　台湾省高雄市气爆事件现场

切需要人们充分了解地铁隧道施工过程中因地层位移所致的地下结构变形及内力分布规律，深入理解土-结构相互作用机理及荷载传递机理，并在此基础上提出合理的设计方法和经济有效的加固处理措施。地铁隧道施工不可避免地接近或穿越既有地埋管线和既有建筑物，引起地层损失和地应力变化，产生地面变形及桩基的附加轴力和弯矩，以及既有地埋管线沉降和管线纵向弯曲应变，对既有建筑物产生安全隐患，甚至会使既有建筑物发生倾斜，管线沉降或爆炸。对于土-结构相互作用这种复杂问题而言，如何正确理解和合理地计算管-土相对刚度是理解和解决这一问题的关键[4]，而影响土-结构相对刚度的因素很多，如土体的物理力学性质、隧道埋深、隧道直径、隧道和管线的相对位置、管线材质、管线接头形式等。如何合理地评价这些影响因素对土-结构相对刚度的影响，在此基础上给出能综合考虑这些影响因素的简洁方便的设计计算流程，精准地计算隧道施工所致管线及群桩的变形及内力，合理地分析地铁隧道施工对邻近既有结构的影响，并结合已有的安全评价标准给出更为合理地评价体系，已经成为一个亟待解决的问题。

1.1.2 研究意义

随着城市现代化的快速发展，城市隧道成为解决交通拥挤和减少建设污染的重要手段。然而隧道建设及运营将引起周边地基的水文地质条件、土体的强度和刚度的变化，从而导致地基附加变形甚至失稳，也就不可避免地使邻近桩基和地埋管线产生附加内力、位移，从而影响结构和管线的正常使用和安全，甚至导致既有建筑物发生倾斜、坍塌、地面沉降、煤气泄漏、水管破裂等安全问题。因此，深入研究隧道施工对邻近既有结构的影响，可以为隧道建设及运营的科学决策和既有结构安全评估及维护提供依据，可更为准确地预测隧道施工对现有结构的影响，进而有效评估现有结构的工作性能，并采取针对性地治理措施，从而为维护既有结构的安全与正常工作提供理论依据，并对现有结构的设计、施工及运营中的灾害防治提供参考，具有重要理论意义和现实指导意义。

1.2 国内外相关研究现状

1.2.1 隧道施工所致地层位移分布研究现状

1. 单隧道施工所致地层变形分布研究现状

（1）经验分析法　隧道开挖所致地表沉降为三维问题，但为了方便实际工程中的应用，一般将隧道开挖所致土层位移分为：隧道开挖所致地表横断面变形、纵断面变形、深层土体变形、水平变形，下面就这四方面研究现状分别进行阐述。

1）隧道开挖所致横断面变形分布研究现状。Peck[5] 和 Schmidt[6] 提出的高斯分布是目前最多被用于描述隧道开挖所致地表沉降的经验分布曲线，虽然对于一些位于正常固结黏土、超固结黏土、非黏性土中的隧道开挖所致地表沉降而言，高斯分布曲线与实际地表沉降有所差别[7,8]，但是因其参数较少且有明确的物理意义而在实际工程中广泛应用，其具体表达式如下：

$$S = S_{max} \exp(-x^2/2i^2) \tag{1-1}$$

$$S_{\max}=\frac{\sqrt{\pi}}{4\sqrt{2}}\cdot\frac{V_{\mathrm{L}}D_{\mathrm{T}}^{2}}{i} \qquad (1\text{-}2)$$

式中，S 为地表任意点沉降值；$S_{\max}$ 为隧道中心线处地表最大沉降；x 为地表任意点距沉降槽反弯点的水平距离；i 为隧道中心线到沉降槽反弯点的水平距离；V_{L} 为隧道施工所致地层损失；D_{T} 为隧道直径。

隧道开挖所致地表沉降槽宽度系数与多种因素有关。Attewell 等[9,10] 研究指出 i 与土层强度指标有关。Clough G W 和 Schmidt[11] 认为沉降槽宽度系数 i 与隧道直径、埋深相关，其表达式如下：

$$\frac{i}{r_{\mathrm{T}}}=\left(\frac{Z_0}{2r_{\mathrm{T}}}\right)^{0.8} \qquad (1\text{-}3)$$

式中，r_{T} 为隧道半径；Z_0 为地表至隧道中心之距。O'Reilly 和 New[12] 则认为宽度系数 i 与隧道直径并无直接联系，且仅与隧道埋深有关，其表达式如下：

$$i=K\cdot Z_0 \qquad (1\text{-}4)$$

式中，K 为一个与宽度系数相关的参数。O'Reilly 和 New[12] 通过分析大量隧道工程案例后指出，对于黏土而言，K 为 0.5，而对于砂土或者非黏性土，K 为 0.25，其中对于硬质至软质黏土，K 的范围为 0.4~0.7，对于位于地下水位以上的砂土或者非黏性土，K 的范围为 0.2~0.3。Mair 和 Taylor[13] 在 O'Reilly 和 New[12] 所得结论的基础上进一步指出，对于黏性土和砂土而言，K 值可分别取为 0.5 和 0.35。

如何简单方便地预测隧道开挖所致地表以下土层的竖向位移，对分析隧道开挖所致既有地埋建（构）筑物的影响有着重要的意义。Mair 等[14] 通过分析大量实际工程和离心模型试验数据后指出，隧道开挖所致地表以下土层沉降槽宽度小于地表沉降槽宽度，且沉降变化模式仍可用高斯分布曲线描述，同时 Mair 等[14] 对式 (1-4) 进行了改进，可用于对地表以下不同深度地层沉降的预测，其表达式如下：

$$i(Z)=K(Z_0-Z) \qquad (1\text{-}5)$$

式中，Z 为地表以下深度。因式 (1-5) 不能用于预测土体埋深逐渐靠近隧道或者位于隧道半径范围内的深层土体竖向位移，Moh 等[15] 在式 (1-3) 的基础上，考虑了隧道直径变化对沉降槽宽度系数 i 的影响，对式 (1-3) 进行了改进，表达式如下：

$$i(Z)=\left(\frac{D_{\mathrm{T}}}{2}\right)\left(\frac{Z_0}{D_{\mathrm{T}}}\right)^{0.8}\left(\frac{Z_0-Z}{Z_0}\right)^{m} \qquad (1\text{-}6)$$

式中，m 为地表以下深度土层沉降槽宽度系数，当隧道穿越粉砂或者粉质黏土时，其值分别为 0.4 和 0.8。

韩煊等[16] 在 Mair 等[14] 所得结论的基础上，对沉降槽宽度系数随深度的变化做了进一步分析后指出，我国各地不同地层地表沉降宽度参数变化范围位于 0.15~0.80。表 1-1 为我国各地 K 值建议取值范围。

研究发现，参数 K 也随着隧道埋深的变化而变化。Mair 等[14] 结合位于黏土中隧道开挖实例及相关离心模型试验数据，提出了以下参数 K 与隧道埋深的关系式：

$$K(Z)=\frac{0.175+0.325(1-Z/Z_0)}{1-Z/Z_0} \qquad (1\text{-}7)$$

表 1-1 各地 K 值建议取值范围[16]

地区	样本	地层情况	K 值建议取值范围
广州	1	黏性土、砂性土	0.76
深圳	9	黏性土、砂性土	0.6~0.8
上海	6	饱和软黏土、粉砂层	0.5
柳州	4	硬质黏土层	0.3~0.5
北京	13	黏土、粉砂	0.3~0.6
台湾	1	砂砾土层	0.48
香港	1	冲积层	0.34

Jacobsz[17] 结合砂土中隧道开挖所致地表沉降的相关离心试验结果，提出了关系式，即

$$K(Z) = \frac{0.09 + 0.26(1 - Z/Z_0)}{1 - Z/Z_0} \tag{1-8}$$

隧道开挖所致沉降槽宽度系数不仅与隧道埋深有关，而且与隧道开挖所致地层损失率有关。Taylor 和 Grant[18] 对位于黏土地基中隧道开挖所致地层沉降开展了一系列离心模型试验，结果显示，当隧道开挖所致地层损失率由 2% 逐渐增大至 20% 时，地表沉降槽宽度系数仍为常数。Hergarden 等[19] 采用离心模型试验，对位于分层地基中的隧道开挖所致地层位移进行研究，其中隧道开挖面由两种土质组成（上层为砂土，下层为黏土），结果显示，当地层损失率为 1% 时，i 值为 172mm（模型尺寸）；当地层损失率为 10% 时，i 值减小为 160mm（模型尺寸）。Jacobsz[17] 和 Vorster[20] 开展了一系列离心模型试验，对位于砂土中隧道开挖所致地表沉降变化规律进行分析，同样指出地表沉降槽宽度系数随着地层损失率的增大而减小。如图 1-7 所示为 Marshall[21] 总结的有关沉降槽宽度系数随地层损失率增大而减小的变化曲线。

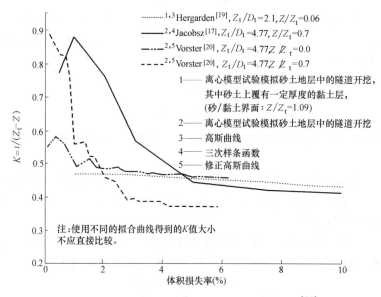

图 1-7 沉降槽宽度系数随地层损失率变化曲线[21]

对于分层地基中隧道开挖所致地表沉降，New 和 O'Reilly[22] 提出式（1-9）来描述沉降槽宽度系数与各土层厚度的关系。

$$i = K_1 Z_1 + K_2 Z_2 + \cdots + K_n Z_n \tag{1-9}$$

式中，$K_{1,\cdots,n}$ 为各土层沉降槽宽度系数；$Z_{1,\cdots,n}$ 为各土层顶部至隧道轴线之距。Grant 和 Taylor[23] 以分层地基中的隧道开挖所致土体沉降变化规律为研究目的开展了相关离心模型试验，试验中上层土体为砂层，下层为黏土层，试验结果显示，隧道开挖所致砂层表面和砂-黏土结合面体积损失率不同。Grant[24] 进一步分析指出，当隧道体积损失大于 2% 时，由于砂层内土体体积收缩，使得单位宽度砂层表面的沉降槽体积大于砂-黏土结合面沉降槽体积（图 1-8）。

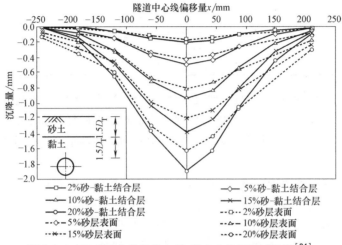

图 1-8 砂层表面土体沉降与砂-黏土土体沉降对比图[24]

表 1-2 为沉降槽宽度系数 i 汇总表。

表 1-2 沉降槽宽度系数 i 汇总表

年份	来源	公式	适用范围及备注
1957	Knothe[25]	$i = Z_0 / \sqrt{2\pi} \tan\left(\dfrac{\pi-\varphi}{2}\right)$	φ 为土层内摩擦角
1969	Peck[5]	$i/r_T = (Z_0/D_T)^n$	n：0.8~1.0
1974	Attewell 和 Farmer[26]	$i/r_T = (Z_0/D_T)$	黏性土
1977	Atkinson 和 Potts[27]	$i = 0.25(Z_0 + D_T/2)$	松土
		$i = 0.25(Z_0 + D_T/2)$	密实土
1981	Clough 和 Schmidt[11]	$i/r_T = (Z_0/D_T)^{0.8}$	黏性土
1982	O'Reilly 和 New[12]	$i = KZ_0$	K 的取值由土层决定
1988	Rankin[28]	$i = 0.5Z_0$	黏性土
1993	Mair 和 Taylor[14]	$i = K(Z_0 - Z)$	考虑地表以下任一位置的情况
1996	Moh 等[15]	$i(Z) = \left(\dfrac{D_T}{2}\right)\left(\dfrac{Z_0}{D_T}\right)^{0.8}\left(\dfrac{Z_0-Z}{Z_0}\right)^m$	$m = 0.4$，粉砂 $m = 0.8$，粉质黏土
1998	Loganathan 和 Poulos[7]	$i/r_T = 1.15(Z_0/D_T)^{0.9}$	黏性土
1999	Lee 等[29]	$i = 0.29Z_0 + r_T$	黏性土

表 1-3 隧道开挖所致地表沉降不同经验公式总结了几种隧道开挖所致横截面地表沉降经验公式。

表 1-3　隧道开挖所致地表沉降不同经验公式

来　源	经验公式	备　注
Peck[5]	$S_v(x) = S_{max} \exp\left(-\dfrac{x^2}{2i^2}\right)$	$S_v(i) = 0.606 S_{max}$
Jacobsz 等[30]	$S_v(x) = S_{max} \exp\left[-\dfrac{1}{3}\left(\dfrac{\|x\|}{i}\right)^{1.5}\right]$	$S_v(i) = 0.717 S_{max}$
Celestino 等[8]	$S_v(x) = \dfrac{S_{max}}{1 + (\|x\|/a)^b}$	$i = aB; B = \left(\dfrac{b-1}{b+1}\right)^{1/b}$
Vorster 等[31]	$S_v(x) = \dfrac{nS_{max}}{(n-1) + \exp[\alpha(x^2/i^2)]}$	$n = \exp(\alpha)\dfrac{2\alpha-1}{2\alpha+1} + 1$

2) 隧道开挖所致纵断面变形分布研究现状。如何合理地预测和描述隧道开挖所致地层纵断面沉降分布，对分析隧道开挖对既有地埋建构筑的影响同样具有重要意义，特别是当既有地埋管线与隧道掘进方向平行分布时，准确地预测和描述隧道开挖所致地层纵段面的沉降显得尤为重要。

与正态分布曲线常被用于对隧道开挖所致地表横断面沉降的描述相仿，累计概率曲线常被用于对位于黏土地基中隧道开挖所致地表纵断面沉降的描述[10]。New 和 O'Reilly[22] 基于两点假设：① 土层在变形过程不发生体积应变，也即单位宽度内隧道上方不同深度土体沉降槽体积相同；② 土层位移矢量方向均指向隧道轴线处；并借助此方法提出了用于描述纵断面沉降的表达式：

$$S(x,y) = \dfrac{V_L}{2i_x\sqrt{2\pi}} \exp\left(-\dfrac{x^2}{2i_x^2}\right) \left[\mathrm{erf}\left(\dfrac{y-y_f}{i_y \cdot \sqrt{2}}\right) - \mathrm{erf}\left(\dfrac{y-y_s}{i_y \cdot \sqrt{2}}\right)\right] \quad (1\text{-}10)$$

$$\mathrm{erf}(z) = \dfrac{2}{\sqrt{\pi}} \int_0^z e^{-t^2} \mathrm{d}t \quad (1\text{-}11)$$

式中，i_x 为横断面沉降槽宽度；i_y 为隧道开挖面位置至纵断面沉降槽反弯点之距；y 为关注点至选定的基准面之距（隧道掘进方向）；y_f 为隧道开挖起始点至基准面之距（隧道掘进方向）；y_s 为隧道开挖终点至基准面之距（隧道掘进方向）。

刘建航和侯学渊[32] 总结了上海软土地区 1958 年以来隧道施工案例，在正态分布理论的基础上，提出了纵向地面沉降估算公式：

$$S(y) = \dfrac{V_{L1}}{2i_y\sqrt{2\pi}} \left[\Phi\left(\dfrac{y-y_f}{i_y}\right) - \Phi\left(\dfrac{y-y_s}{i_y}\right)\right] + \dfrac{V_{L2}}{2i_y\sqrt{2\pi}} \left[\Phi\left(\dfrac{y-y'_f}{i_y}\right) - \Phi\left(\dfrac{y-y'_s}{i_y}\right)\right] \quad (1\text{-}12)$$

式中，y'_f 为 y_f 与盾构机长度之差，y'_s 为 y_s 与盾构机长度之差。V_{L1} 为盾构开挖面引起的地层损失；V_{L2} 为盾尾空隙引起的地层损失。$\Phi(x)$ 为标准正态分布函数。

3) 隧道开挖所致水平变形分布研究现状。既有地面建构筑物及地表建筑物在一定程度上也受隧道开挖所致地层水平位移的影响，但是在实际工程和模型试验中地层水平位移却较少成为监测项目，既有的预测方法更多地关注隧道开挖所致竖向位移，而有关水平位移的研究相对较少。

O'Reilly 和 New[12] 假定土体为不排水状态,即隧道开挖所致各深度土层沉降槽体积相同,且土体的位移矢量方向指向隧道轴线,提出了式(1-13),用以描述隧道开挖所致土层水平位移与竖向位移的关系:

$$S_h(x) = \frac{x}{Z-Z_0} \cdot S_v \tag{1-13}$$

式中,S_h 为水平位移;S_v 为竖向位移。在应用此关系式对隧道开挖所致地层水平位移进行描述时需注意,沉降槽宽度系数 K 假定为不随土层深度的变化而变化[18]。将高斯分布曲线式(1-1)代入式(1-13)可得:

$$S_h(x) = \frac{x}{Z-Z_0} \cdot S_{max} \cdot \exp\left(-\frac{x^2}{2i^2}\right) \tag{1-14}$$

将式(1-14)求导得土体水平应变 ε_h:

$$\varepsilon_h = \frac{dS_h}{dx} = \frac{S_{max}}{Z_0-Z}\exp\left(-\frac{x^2}{2i^2}\right) \cdot \left(1-\frac{x^2}{i^2}\right) \tag{1-15}$$

基于高斯分布曲线,并假定隧道开挖所致各深度土层沉降槽体积相同,土体的位移矢量方向指向隧道轴线,且沉降槽宽度系数 K 假定为不随土层深度的变化而变化,可得水平位移和水平应变变化曲线[21](图 1-9)。最大水平位移点与最大竖向位移点之距为 i,最大值为 $0.303S_{max}$。最大水平压应变点位于隧道轴线处,其值为 S_{max}/Z_0。最大水平拉应变分居隧道轴线两侧,且与隧道轴线之距为 $\sqrt{3}i$,其值为 $0.466S_{max}/Z_0$。

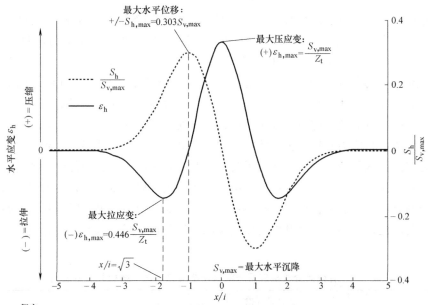

图 1-9 隧道开挖所致水平位移及水平应变变化曲线[21]

Attewell 和 Taylor[33] 建议采用下式来预测隧道开挖所致深层土体水平位移：

$$S_h = S_v \cdot \frac{nx}{Z_0 - Z} \quad (1\text{-}16)$$

基于土体位移矢量方向指向隧道轴线的假设，对于黏性土，作者建议 n 为 1.0。对于非黏性土，作者建议 $n<1.0$。

然而，对位于黏土中隧道开挖所致土层位移，基于实际工程案例，Mair 和 Taylor[13] 分析发现，土层位移矢量方向并非指向隧道轴线，而是指向隧道轴线下方某处，这是因为实际工程中土层沉降槽宽度系数 K 是随土层的深度而变化的。Mair 和 Taylor[13] 基于此提出了表达式：

$$S_h = S_v \cdot \frac{x}{(1+0.175/0.325)Z_0} \quad (1\text{-}17)$$

Taylor 和 Grant[18] 通过离心模型试验验证了式（1-17）用于描述土层水平位移的合理性。

（2）解析（半解析）法 解析（半解析）法大都将土体视为均质线弹性连续介质，通过完整严谨的理论推导来得到解析解，是分析隧道开挖对周围地层位移影响的一种行之有效的实用方法。针对隧道开挖对周围环境影响这一研究课题，目前已报道的解析解大部分采用了"间隙系数"这一概念，故此，先对此概念作简要介绍。

Rowe 等[34] 将三维隧道开挖变形问题简化为平面应变问题进行了简化处理，首次提出了间隙系数的概念。Lee 等[35] 在此基础上对此问题做了进一步的研究，将此概念明确化，认为间隙参数主要由隧道开挖面与盾构管片等支护结构之间的物理间隙 G_p、隧道开挖所致开挖面塑性变形 U_{3D} 及隧道施工中超挖 ω 三部分组成，其计算表达式为：

$$g = G_p + U_{3D} + \omega \quad (1\text{-}18)$$

针对隧道开挖对周围土层位移的影响，目前已报道的解析（半解析）法可大致分为五类：汇源法（影象法、点源法）[7,36-46]、复变函数法[47,48]、极坐标下应力函数法[49-52]、随机介质理论方法[53-56] 以及能量守恒法[43,57-59]。

（3）数值模拟分析法 以上研究方法均难以考虑隧道实际的掘进过程对地层位移的影响。而对于具有高度非线性特性的岩土介质而言，应力历史和应力路径对其应变及土体刚度的影响较大，即在对隧道开挖对周围土层位移影响这类问题的分析时，应合理地考虑土体的非线性及应力历史、应力路径相关性才能得到合理的结论。这也从根本上确定了上述方法的局限性。在实际工程领域，有限单元法因其具有其他方法所不具备的优势而备受青睐，广泛应用于施工方案比选、施工进度的制定、施工参数的优化以及重大工程技术问题的抉择等。

应力控制有限单元法和位移控制有限单元法是目前数值仿真模拟隧道开挖问题所主要采用的方法，其广泛地应用于隧道开挖所致地层沉降的分析。近年来有关此方面研究的部分相关文献总结见表 1-4。

表 1-4　有限元分析法应用于隧道开挖所致地表沉降相关文献总结

来源	研究内容	隧道开挖模拟方法	土体本构模型	主要结论
Mroueh 和 Shahrour (2002)[60]	隧道开挖对既有桩基的影响研究	应力控制法	莫尔-库伦(MC)	隧道开挖所致最大地表沉降为 $0.07D_T$（隧道直径），地表沉降槽宽度系数为 $1.17D_T$；隧道拱顶最大沉降值为地层最大沉降值的 40%

（续）

来源	研究内容	隧道开挖模拟方法	土体本构模型	主要结论
Lee 和 Ng（2005）[61]	隧道开挖对既有单桩的影响研究	应力控制法	DP 模型	隧道开挖面位于单桩轴线前后 1 倍隧道直径时，隧道开挖对地表沉降、深层土沉降的影响最大
Ng 和 Lee（2005）[62]	隧道开挖所致地表沉降及应力传递机理	应力控制法	DP 模型	土体水平刚度与竖向刚度比及土体静止侧压力系数对隧道开挖所致地表沉降槽最大值及沉降槽宽度影响较大
Cheng 等（2007）[63]	位移控制有限单元用于隧道-土-桩相互作用研究的适用性	位移控制法	非线弹性本构模型	采用位移控制有限单元法计算所得地表沉降槽宽度较实测值稍微偏大，但是深层土体沉降与实测值吻合较好
Mašín（2009）[64]	两种不同本构模型用于模拟新奥法施工模拟的适用性	应力控制法	修正剑桥模型（MCC）、HP 模型	相对 MCC 模型而言，HP 模型由于考虑土体的小应变特性，其更能准确地预测隧道开挖所致地表沉降的幅值
Liu 等（2009）[65]	隧道不同开挖顺序对既有垂直隧道变形及内力影响	应力控制法	莫尔-库伦（MC）	隧道施工顺序对既有垂直隧道影响显著，当先开挖上覆隧道时，其下部既有垂直隧道拱顶受压，而其支护锚杆受拉
Liu 等（2011）[66]	上覆隧道开挖对下覆隧道上浮作用的影响	应力控制法	莫尔-库伦（MC）	喷射注浆及板桩支护能很好地控制上覆隧道开挖对既有下覆隧道上浮作用的影响
Ng 等（2013）[67]	下覆隧道开挖对既有上覆隧道的影响	应力控制法	HP 模型	当同时模拟地层损失效应和重力损失效应时，隧道开挖所致最大地表沉降最小；当先模拟地层损失效应后模拟重力损失效应时，隧道开挖所致最大地表沉降比仅考虑地层损失时大 10%
Do 等（2014）[68]	不同隧道模拟开挖方法对隧道变形的影响	应力控制法和位移控制法	莫尔-库伦（MC）	当地表沉降相同时，采用二维应力控制法计算所得结果比二维位移控制有限元法所得结果更接近于三维有限元模拟结果
Amorosi 等（2014）[69]	隧道开挖对既有石砌石构建筑的影响	位移控制法	莫尔-库伦（MC）	可采用位移控制法开展与地层损失率相关的参数分析工作；有限元模拟结果与现场实测结果能很好地吻合
Fargnoli 等（2015）[70]	地铁隧道开挖对上覆既有建筑物的影响	应力控制法	小应变模型（HSS）	隧道开挖完成后，地表及建筑物的沉降值均不超过 7mm，且横断面地表沉降和纵断面地表沉降均能很好地用高斯分布曲线描述
Soranzo 等（2015）[71]	非饱和土中浅埋隧道开挖面稳定性研究	应力控制法	作者自研本构	隧道开挖面土体的吸力对地表沉降的影响较大；有限元模拟的隧道开挖面破坏过程与离心模型试验能很好地吻合
Soomro 等（2015）[72]	不同埋深单隧道开挖对临近群桩影响的荷载传递机理	应力控制法	DP 模型	不同埋深隧道开挖对地表沉降及群桩沉降的影响较大；地表沉降槽宽度随着隧道埋深增大而逐渐增大；群桩的存在对其周围土体的沉降有明显的抑制作用

(续)

来源	研究内容	隧道开挖模拟方法	土体本构模型	主要结论
Hong 等 (2015)[73]	不同埋深双隧道开挖对临近群桩影响的荷载传递机理	应力控制法	HP 模型	至隧道两侧起拱线且与水平线夹角60°划两条线与地表相交,此两条线之间的区域为隧道开挖对地层位移的主要影响区域,且这两条线的夹角不受隧道埋深的影响
Hong 等 (2015)[74]	位于群桩桩端底部隧道开挖对群桩下拉效应的影响	应力控制法	HP 模型	有群桩存在时,隧道开挖所致地表沉降大于无群桩存在(greenfield)时的工况,当隧道开挖所致群桩下拉效应明显时,群桩的存在不仅对土体沉降无抑制作用,反而会加大土体沉降
Xie 等 (2016)[75]	大直径隧道开挖对地层位移的影响	应力控制法	莫尔-库伦(MC)	相对支护结构的支护压力而言,注浆压力对地层位移的影响更大;为了确保地表最大沉降小于10mm,应控制地层损失率在0.2%以下

数值模拟主要以现场实际工况或者已完成的模型试验为基础。对于隧道-土-结构相互作用这一课题而言,科研及实际工程中大都以现场实测数据和模拟试验数据为标准,在验证数值模拟计算结果能够较好地与其吻合的基础之上,利用数值模拟方法特有的优点(数值模拟能给出实测数据难以准确测量的结果,如土压力、土体的应变等)对隧道-土-结构相互作用机理和结构物-土之间的荷载传递机理作进一步地分析。但是这种方法目前较少应用于实际的设计领域,这主要是因为,由于实际工程的复杂性及岩土介质的多变性,且数值模拟计算结果取决于建模时各种假设的合理性(现场工况的简化、接触关系的设置)和岩土介质本构关系的选取和参数的确定,使得有限单元法计算结果离散性较大,且难以确定计算结果的规律性。Potts[76] 在第42届朗肯讲座中就数值模拟方法在岩土工程领域的作用、应用现状及能否用数值模拟方法取代传统的方法进行岩土工程方面的设计展开了详细的讨论。

(4) 模型试验 模型试验作为分析解决岩土地下工程领域相关工程问题的一个重要的研究手段,其在隧道工程中的应用也甚为广泛,且对一系列重大工程中控制性问题的解决发挥了重要作用。目前与隧道相关的模型试验可分为三种:1g(重力加速度)工况下的小尺寸缩尺模型试验、1g 工况下的大尺寸或足尺模型试验、离心模型试验。对于小尺寸缩尺模型试验而言,因难以重现实际工程中土体的初始应力状态,使得其试验结果常常受到质疑,大尺寸或足尺模型试验虽然能很好地重现实际工况,但是其较长的准备期和高昂的费用使得该方法难以满足一般需求,而离心模型试验则很好地克服了缩尺试验的缺点,能较好地模拟隧道工程中的实际工况,且其准备周期和试验费用均在可接受范围内,以上优点使得离心模型试验成为研究隧道相关问题的重要手段。

Potts[77] 在砂土地基中开展了一系列隧道开挖对地层影响的离心模型试验,结果发现隧道开挖面土体应力重分布使得地层达到新的平衡状态而保持稳定。Mair[78] 在黏土中开展的离心模型试验也得到了同样的结论。Hergarden 等[19] 通过离心模型试验发现,当地层损失率大于3%时,隧道开挖所致地表沉降槽宽度系数 i 将会随着地层损失率的增大而减小,且最大地表沉降值将会增大。Kimura 和 Mair[79] 假定隧道施工前后土体均处于不排水状态,也即土体体积不变，开展了一系列离心模型试验，对伦敦地区不同地层隧道开挖所致地表沉降槽进行研究，提出了隧道开挖所致地层水平位移的表达式。Guttler 和 Stoffers[80] 以隧道开挖时圆形截面隧道变形及地层破坏形态的影响为研究目的开展了相关离心模型试验，结果发现随着离心加速度的增大，隧道变形呈竖向减小水平向增大的椭圆形分布，当离心加速度增大至一定值时，隧道上覆土层逐渐塌落，剪切面由上覆土层逐渐向地表扩展，从而引发地表塌陷。Wu 等[81] 通过离心模型试验发现，隧道埋深越深其开挖面稳定性越好。Ng 和 Wong[82] 借助离心模型试验对不同埋深隧道开挖表面的被动破坏机理和地层变形机理进行了研究。

2. 双隧道施工所致地层位移分布研究现状

随着城市地下空间利用率不断提高、建筑用地的限制及大断面隧道的施工，并行隧道极为常见。如图 1-10 所示，南宁地铁 1 号、2 号线火车站附近共有四条隧道下穿。邻近双隧道施工过程中相互作用及其对地层位移的影响近年来也成为关注重点（图 1-11）。近年来发表的有关邻近双隧道施工对地层位移影响的相关文献总结见表 1-5。

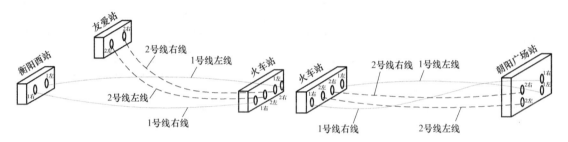

图 1-10 南宁地铁 1 号、2 号线火车站附近区间线路布置图

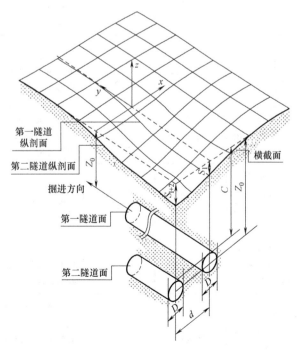

图 1-11 邻近双隧道开挖所致地表沉降示意图[83]

表 1-5 双隧道开挖所致地表沉降相关文献总结

来源	研究内容	研究方法	土体本构模型	主要结论
Addenbrooke 等(2001)[84]	双隧道施工所致地表沉降及深层土体竖向位移	数值模拟	莫尔-库伦模型	对于上下重叠双隧道,双隧道施工所致地表沉降不仅与两隧道之间的相对位置相关,而且与上覆隧道与地表之距有关
Kooi 和 Verruijt (2001)[85]	无限弹性地基中双隧道相互作用机理	解析法	N/A	当既有隧道与后继隧道平行时,后继开挖隧道所致地表沉降大于先开挖隧道
Hunt (2005)[86]	伦敦地区双隧道开挖所致地表沉降预测方法	数值模拟和缩尺模型试验	莫尔-库伦模型	双隧道施工所致地表沉降最大值靠近先开挖隧道侧;地层损失率对地表沉降模式影响较大
Chapman 等(2006)[87]	并行隧道施工所致地表沉降规律	缩尺模型试验	N/A	模型试验所得地表沉降槽变化趋势与足尺试验所得趋势相仿;地表最大沉降值靠近先开挖隧道侧
Karakus 等(2007)[88]	双隧道施工所致地表沉降	数值模拟	修正剑桥模型	双隧道施工完成后,先施工隧道周围土体塑性区范围大于后继施工隧道周围土体塑性区范围
Chapman 等(2007)[89]	多隧道施工所致地表沉降规律	缩尺模型试验	N/A	双隧道施工所致地表沉降槽并不对称,其最大值靠近先施工隧道一侧,在高斯分布曲线的基础上,提出了一种准确预测双隧道施工所致地表沉降的方法
Suwansawat 和 Einstein(2007)[90]	叠加法预测双隧道施工所致地表竖向位移的适用性	现场实测	N/A	后继隧道施工完成后地表沉降最大值并不位于两隧道中间位置处,且沉降槽并不对称;叠加法所预测地表沉降与实测值吻合较好
Chehade 和 Shahrour(2008)[91]	双隧道不同开挖位置及不同施工顺序对土层位移及衬砌内力的影响	数值模拟	莫尔-库伦模型	对于下置隧道先施工工况而言,上覆隧道先施工所致地表沉降最大值及隧道结构内力均较大
Chakeri 等(2011)[92]	软土地基中双隧道施工相互作用机理	数值模拟	莫尔-库伦模型	地表沉降最大值随着平行双隧道之间水平净距的增大而减小;不同施工顺序对地表沉降的影响较小
Chen 等(2012)[93]	叠加原理应用于预测多隧道施工所致地表沉降时的适应性研究	现场实测、数值模拟	莫尔-库伦模型	对于多隧道施工工程而言,多个隧道同时施工,计算所得地表沉降较逐次模拟隧道施工所致地表沉降更符合实测值
Ocak (2014)[94]	软土地基浅埋双隧道施工所致地表沉降预测方法	经验分析法	N/A	作者基于28个实测案例提出了一种简单方便地用于预测双隧道施工所致地表沉降的方法
Divall 等(2014)[95]	先后开挖双隧道开挖时间间隔对地层沉降的影响	离心模型试验	N/A	双隧道同时施工时,采用叠加法所得地表沉降与试验所得结果吻合较好,但当先后施工双隧道有一定时间间隔,则叠加法预测结果与试验结果相差较大

（续）

来源	研究内容	研究方法	土体本构模型	主要结论
Do 等 (2014)[96]	软土地基中双隧道施工相互作用机理	数值模拟	CY 模型	相对于先施工隧道，后施工隧道所致地表沉降槽宽度更宽但其最大沉降值较小；双隧道同时施工所致地表沉降最大值大于两隧道先后施工所致地层沉降最大值
台启民等 (2014)[97]	重叠隧道施工所致地表变形特性	现场实测、数值模拟	莫尔-库伦模型	当重叠双隧道施工顺序分别为"先上后下"和"先下后上"时，前者所致地表沉降最大值及沉降槽宽度均大于后者；地表沉降最大值随着双线隧道角度的增大而增大，且随着两隧道净距的减小而增大
Fang 等 (2015)[98]	双隧道施工对既有上覆双隧道的影响	现场实测	N/A	提出了一种预测双隧道施工所致地表沉降的预测方法，且该预测方法与实测值能较好吻合
Tran-Manh 等(2015)[99]	各向异性弹性地基中双隧道施工所致地表沉降机理及其相互作用机理	解析法	N/A	只有当两隧道中心距离超过6倍隧道半径时，采用叠加方法才能准确预测双隧道施工所致地表沉降
Do 等 (2015)[100]	双隧道至不同开面之距对地表沉降的影响及其相互作用机理	数值模拟	CY 模型	双隧道施工所致地表沉降槽并不对称；对 Suwansawat 和 Einstein[90]所提出的叠加法进行修正，修正后的方法预测所得地表沉降与数值模拟结果很好吻合
马少坤 等(2015)[101]	双隧道不同埋深对邻近群桩的影响	离心模型试验	N/A	相对于深埋双隧道而言，埋深较浅双隧道施工所致地表沉降更大，其地表沉降槽与采用叠加法预测的沉降槽更为接近

1.2.2 隧道施工对邻近桩基影响的研究现状

1. 试验研究

Loganathan 等[102]通过离心试验研究了黏土中隧道施工对邻近桩基的影响规律，得出当隧道中心线位于桩端时，隧道施工对邻近桩基的弯矩影响最大；当隧道中心线位于桩端以下时，隧道施工对邻近桩基的轴力影响最大。

Ng 等[103]运用离心模型试验方法，研究了双隧道施工对桩基的影响规律，研究得到，隧道与桩端的间距越小，施工引起的桩基沉降越大，桩基的承载力越低。

Lee 和 Chiang[104]通过离心模型试验，研究了砂土地层中隧道施工引起的地基变形对单桩的影响，得出邻近端承型单桩的承载能力发生明显降低的结论。

马险峰等[105]通过离心试验开展了不同下卧地层中隧道施工的长期影响研究，结果显示隧道在不同下卧层地质条件下开挖所致沉降量和沉降稳定历时差别很明显。

Ong 等[106]通过离心模型试验分别研究了隧道施工对单桩和群桩的影响规律，得出桩的附加弯矩和附加轴力受桩的类型及承台水平约束条件影响显著。

Marshall 等[107,108]对砂土中隧道施工对端承桩的附加影响进行了离心模型试验研究，得到由于地层损失引起的桩的失效是与隧道和桩趾的距离有关的结论。

Jacobsz 等[30,109]通过离心试验研究了干砂地基中隧道施工对桩基的不利影响,得到在隧道附近和上方有确定的影响区域的结论。

孙庆等[110]在研究黏土中隧道施工对土体和桩基的瞬时和长期影响时运用了离心模型试验的方法。结果表明,通过高斯曲线法能较好地与隧道施工引起的土体瞬时沉降与试验值吻合,但拟合所得地表长期沉降的影响范围明显小于实测值;在隧道的起拱线附近桩身产生最大弯矩和轴力,且桩基响应随着隧道与桩之间距离的增加而减小;地表沉降和桩身内力均随着时间的增加而增大。

马亮和高波[111]采用离心模型试验对深圳地铁施工所致地表沉降进行了研究,得出了地表沉降-时间变化曲线。

Chung-Jung 和 Kuo-Hui[113]采用离心模型试验,研究临近隧道的单桩在不同荷载情况下的承载特性。试验表明,埋深比对桩的弯矩分配有重要影响,但桩的轴力既与埋深比有关,也与桩所受的荷载有关;同时,如果隧道施工前桩承担的荷载越大,开挖隧道后,桩的位移越大。

Ran (2004)[112]就隧道施工对邻近桩基的长期影响做了离心试验,试验得出地基在隧道完成很长时间后仍然有明显的沉降,从而引起相邻桩体的附加位移、附加内力。

马少坤等[101,113-115]针对隧道开挖对邻近桩基产生的不利影响,开展了离心模型试验,研究了不同埋置位置、不同埋深双隧道,以及地下水位循环变化时隧道开挖对群桩的影响。研究结果可为隧道设计和施工提供参考依据。

2. 数值模拟及解析法研究

Chen 等[116]和 Loganathan 等[117]均采用两阶段的分析方法,对隧道施工对桩基的影响规律进行了分析与研究。

黄茂松等[118]利用两阶段分析方案,采用剪切位移法,分析了浅埋隧道施工过程中桩周土体的移动对桩体摩阻力及轴力的影响规律。

朱逢斌等[119]通过建立三维有限元数值模型,利用莫尔-库伦弹塑性屈服准则,研究了软土地区盾构隧道施工对邻近群桩和单桩的影响规律,结果指出,由于承台的端固和联结作用使群桩桩身负弯矩大于同位置单桩,群桩中桩顶沉降小于同位置单桩。此结果与离心试验结果相符。

王炳军等[120]通过数值仿真试验分析对不同的桩洞距离、桩端与水平洞轴线的相对位置和桩型的变化规律等多种工况下盾构隧道施工进行了研究。

柳厚祥等[121]通过 ANSYS 有限元软件对隧道施工诱发桩基变形进行了数值仿真试验,考虑了不同位置桩基和不同桩长的情况,同时也对隧道施工后桩体和土体参数等因素对邻近桩基变形的影响规律进行了分析。

Lee 和 Jacobsz[122]采用三维弹塑性数值分析,研究了隧道施工对邻近桩基的影响规律,得到在距离隧道掌子面前后的一倍隧道直径内,隧道施工对桩基的性能影响最为明显。

Mroueh 和 Shahrour[60]使用三维弹塑性有限元建模,分析了城市隧道施工对邻近桩的影响。结果表明,隧道施工会使桩的内力显著增加,内力分布主要取决于桩端到隧道水平轴线的距离和桩轴线到隧道中心的距离。

黄钟晖等[123]采用三维数值分析方法,对隧道施工时不同桩土刚度比的桩基承载性能开展研究,结果表明:当桩长一定时,随着桩土刚度比的增大,桩基产生的附加内力增大,附加位移减小；在弹性模量和桩径一定时，随着桩土刚度比的增大，桩基产生的附加内力减小，而位移增大。

张宏博等[124]以重庆武隆隧道施工为工程背景，通过建立三维弹塑性有限元模型，分析了隧道施工过程中隧道与桩基的相互影响，以及施工完成后桩体变形和内力的变化，得出隧道施工引起围岩变形是使桩体产生内力和变形的主要因素，与地质条件和桩的位置有关。

Cheng等[125]采用三维有限元模拟研究隧道施工引起的土体位移对既有桩基的影响，结果显示，在摩擦型单桩的情况下，当单桩偏离隧道中心的距离超过2倍隧道直径时，产生的附加弯矩普遍很小，当桩距隧道的水平距离小于1倍桩径时，微小的地层损失也会产生较大的附加弯矩；桩的附加轴力主要取决于三个因素：桩尖相对于大位移影响区域的位置、土体刚度和地层体积损失率。

陈先国和王敏强等[126,127]采用有限单元法对地铁隧道所致邻近桩基的影响开展了系统分析，合理地考虑了围岩类别、隧道间距、施工过程和工况等因素对分析结果的影响。结果显示，近距离双孔隧道与单孔隧道施工工况下临近桩基的响应有着明显的差异，且双孔隧道之间的互相作用与隧道的间距存在一定的关系，同时隧道施工方式及支护方式等因素也是影响临近桩基承载性能的重要因素。

Ma等[128]采用数值分析的方法，系统地研究了隧道施工对不同刚柔性桩基的三维空间效应。

Yoo和Kim[129]采用三维弹塑性有限单元法对饱和软土地区地铁隧道施工对隧道正上方建筑物桩基的影响开展了相关研究，土体单元采用考虑隧道施工过程中土体周围当前应力及孔压变化的三维应力-孔压单元，并对隧道上方有无建筑物的情况进行了对比分析。

杨超等[130]采用有限差分软件建立三维弹塑性模型，研究黏性土地基中的桩-土-隧道三者的相互作用关系，模拟盾构隧道施工对桩基的影响。结果表明：桩体的变形和受力情况不仅与隧道施工工况有关，而且也与桩基的位置、长度和数量相关；桩基的存在一方面加剧土体的变形另一方面也改善土体的受力状态。

Poulos[131]提出了隧道附近群桩的位移及转动分析的简便方法。即用隧道开挖所致单桩的响应来等效隧道开挖所致群桩的整体响应。

Lee和Ng[61]采用了三维弹塑性耦合固结的方法，对开放式施工隧道对桩的影响进行了数值分析。分析结果表明：隧道施工在纵向方面影响围岩的主要区域为掌子面后方1倍隧道直径。因隧道施工时产生桩的附加位移使得桩基的承载性能将为原来的50%。

杨晓杰等[132]、芮勇勤等[133]、杜彬等[134]、黎岩[135]、李强等[136]对桩-隧不同相对位置时隧道施工对临近桩基的承载性能及变形开展了系统研究。

李早等[137]采用两阶段法分析了隧道施工对群桩的竖向位移和内力的规律，并建立了隧道施工对主动群桩和被动群桩影响的分析方法。

李进军等[138]采用两阶段分析法，对上海地铁2号线和10号线盾构隧道穿越西航站楼桩基的影响进行了研究，分析了单隧道和多隧道不同工况下盾构隧道施工对PHC桩基础的影响，并结合分析结果提出相应工程设计措施。

方勇和何川[139]采用三维整体有限元方法对隧道施工引起邻近桩基础的影响规律进行了分析研究，研究表明盾构隧道施工会引起邻近桩基的沉降和倾斜，沉降差则会引起桩-土接触面的相对滑动，引起桩基上部向隧道侧倾斜；增大顶进压力会增大盾构隧道推进过程中的桩基变形；增大注浆压力将导致邻近桩基的最终变形有着显著的增加。

韩进宝等[140]和Yang等[141]基于位移控制法（"DCM"法）对隧道施工影响区域内桩基的内力和变形规律开展了相关研究，并与离心试验结果进行对比。证明了该方法用于研究隧道-桩-土相互作用问题研究的可行性。分析发现，隧道与桩基的相对位置、地层损失率是影响隧道施工引起桩基附加内力和变形大小的两个主要因素；隧道施工的长期效应对邻近桩基的影响会引起内力和变形不断增大，实际工程中应加以重视。

赵志峰[142]采用莫尔-库伦屈服准则，结合工程背景建立三维数值模型，对盾构隧道近接施工引起的桥梁群桩基础的附加位移和内力分布规律进行研究。结果显示盾构隧道施工对地表沉降的影响要大于对桩基沉降的影响；盾构隧道施工引起桩体内力有一定增加，前排桩轴力增加大于后排桩；桩基位于隧道轴线以上时，盾构隧道施工对桩基变形和内力的影响较大，位于隧道轴线以下时影响较小。

侯玉伟[143]以某地盾构法施工地铁隧道近接穿越钻孔灌注桩群桩基础为背景，采用Plaxis（3D）有限元软件建立三维整体有限元模型，研究盾构隧道施工对群桩基础的影响。得到桩基础的存在对周围地层起到了加固作用，一方面降低了盾构隧道施工引起的隧道周围土体的松弛变形，另一方面加大了桩基和隧道之间土体的不均匀沉降值。

Xu和Poulos[144]运用理论分析和边界元数值分析的方法研究了被动受荷状态下隧道施工所致桩基的附加变形和内力，其中被动荷载主要由隧道施工、地面堆载等因素所致。得出了桩基础在不同被动荷载下的力学性状，为工程风险预测提供参考依据。

Zhang等[145]针对隧道施工所致桩基附加影响的方法未考虑桩-土相互作用的缺点进行了改进，并与边界元数值分析法和离心试验结果进行比对。

Mu等[146]提出了可合理考虑土体分层特性的用于分析隧道施工对邻近群桩基础影响的预测方法，通过将计算结果与离心模型试验及两阶段有限单元法进行对比，验证了所提出方法的可靠性及适用性。

Yang等[132,147]以广州地铁2号线为工程背景，采用弹塑性有限单元法对桩基承载能力与隧道施工影响的关系开展研究，得到了隧道施工引起桩基承载能力变化的主要因素。

刘枫等[148]结合具体工程实例，采用有限单元法对隧道施工对邻近单桩、群桩基础的影响进行分析，对比了隧道施工引起邻近单桩和群桩影响的差异，对工程具有指导意义。

付文生等[149]用数值分析方法和简化的解析方法对盾构隧道近距离穿越既有桩基础造成的影响进行对比分析，研究结果可用于隧道施工工况下邻近建筑物的安全评估。

王丽和郑刚[150]基于整体分析法和修正的剑桥本构模型，采用有限单元法对盾构法隧道的施工过程进行了仿真分析，得到盾构法隧道施工对地表、桩基和其他构筑物的影响范围为掌子面前方3倍隧道直径，且与姜忻良等[42]、李文举[151]的研究结果是一致的。

1.2.3 隧道施工对邻近管线影响的研究现状

1. 试验研究

室内模型试验和离心模型试验也为分析此类问题的主要研究手段。Vorster[4]和Marshall[152]采用离心模型试验对不同地层损失率工况下隧道开挖所致地表位移、管线竖向位移、管线弯矩、管线周围土体应变进行了分析。王正兴等[153]通过室内模型试验分析指出管线相同埋深条件下，管线沉降与管线刚度成反比。周敏等采用自制室内试验系统对地层沉陷对地埋 HDPE 管线的影响进行了分析，揭示了管线的变形规律及上覆土体的沉降规律。徐平[154]借助自制试验系统对采动沉陷区管-土相互作用机理进行研究，揭示了管-土变形协调关系、给出了管周土体渐近破坏特征及管周土压力分布规律。Shi 等[155]采用两组离心模型试验对管线分别与隧道垂直和与隧道轴线之夹角为 60°两组工况下的隧道开挖对管线的影响进行分析，试验结果表明，后者工况下隧道开挖对管线的沉降和弯曲应变的影响均大于前者工况。朱叶艇等[156]也采用室内缩尺试验对该问题进行了研究。马少坤等[157,158]通过离心模型试验研究了盾构双隧道不同埋深，不同开挖顺序及不同布置形式对管线的影响机理进行分析。

2. 数值模拟及解析法研究

目前对于隧道施工对邻近既有管线的影响研究方面通常的计算分析途径有两种，第一种即整体有限元法，借助大型有限元程序平台，将隧道施工模拟与周围土体与既有管线作为一个整体分析。第二种是两阶段简化分析方法，将隧道施工引起的既有管线处的土体变形（两阶段位移方法）或土体附加应力（两阶段应力方法）作为第一阶段计算，然后对管线在土体变形或附加应力条件下的力学作用分析作为第二阶段。

（1）整体有限元法　彭基敏等[159]运用 ANSYS 软件，假定管土位移协调一致，对盾构刀盘推进力、盾构施工区段长度不同、注浆压力等影响因素进行参数分析，给出了管隧垂直条件下，隧道对管线位移的影响规律。

马涛[160]开发出在平面应变条件下的位移加载程序，建立平面有限元模型，分析地层损失、管线材料、不同管线埋深条件下，隧道施工对邻近管线的影响，并提出了相应的管线控制标准及控制措施。

毕继红等[161]利用 ABAQUS 大型通用有限元软件，简化管线与土之间的相互作用，对管土节点进行耦合处理，使其变形协调，建立了与隧道垂直和平行的两方向空间错开的五根管线的隧道施工与管线作用的模型，给出了不同管隧距离、材质、埋置深度、下卧土层刚度不同等因素下，隧道施工对管线的影响。

杨朋[162]通过归纳国内外相关研究成果，以青岛地铁三号线为工程依托，运用现场实测数据进行反演，通过 ANSYS 有限元模型分析，对隧道施工过程进行模拟，研究隧道不同埋置深度、管径、管线覆土深度等因素下，隧道施工对管线的影响规律。

王建秀等[163]以穿越敏感建筑带的大直径盾构工程为背景，运用二维和三维有限元模型计算进行分析，建立常规、极端地层损失率与土层地表位移变化之间的关系，研究地层损失与地表位移之间的相互联系。

王洪德等[164]通过 FLAC 3D 有限元差分软件，以大连某地铁区间为背景，对坚硬围岩下盾构隧道施工对地下既有管线的影响规律进行探讨，研究表明管隧正交时对管线影响较大，文章研究内容可为施工安全及管线保护提供依据。

（2）两阶段简化分析方法　Vorster 等[31]基于两阶段法，研究管线受隧道施工的最大弯矩解法，其判断主要依据为管线、隧道的几何状态、管-土的相对刚度和土层的变形状态。

戴宏伟等[165]采用两阶段应力法对地表加载对邻近地铁的影响作了相应的评价，包括第二阶段采用有限差分法将地表加载造成的附加应力作用于隧道上分析其内力及位移。

魏纲和朱奎[166]在 Klar[167]等得研究基础上，采用两阶段应力法，对地下管线由于顶管施工引起的极限弯矩、理论弯矩及管线变形进行了相应的分析,同时分析了土质条件、管材、管线埋深和管线外径对地下管线的力学影响。

1.3 本书的主要内容及研究方法

城市地铁以其快捷、准时、运量大及节能环保等巨大优势,作为缓解城市交通压力的重要手段受到人们广泛青睐。但地铁隧道的建设将不可避免地会引起周围土位移及应力松弛,可能使得邻近地下建(构)筑物产生过大的附加位移和附加应力,从而影响其正常使用,继而引发路面坍塌,建筑物开裂受损、管线破坏等严重事故,造成巨大经济损失甚至危及人们的生命安全。故此城市隧道-土-结构相互作用成为了地铁隧道设计、施工、运维、管养中关注的焦点。本书将重点介绍地铁隧道建设对邻近桩基和地埋管线的影响规律,全书分9章:绪论;三维离心模型试验基本原理及试验设备;地铁盾构隧道施工对邻近桩基影响的三维离心模型试验;地铁盾构隧道施工对邻近地埋管线影响的离心模型试验;地铁盾构隧道施工对邻近桩基和地埋管线影响的三维数值模拟;地铁单隧道施工对邻近既有桩基的影响分析;地铁双隧道施工对邻近既有桩基的影响分析;地铁不同埋深盾构双隧道施工对既有管线的影响分析;地铁盾构双隧道施工对管线影响的预测分析。本书的主要内容及研究方法如图 1-12 所示。

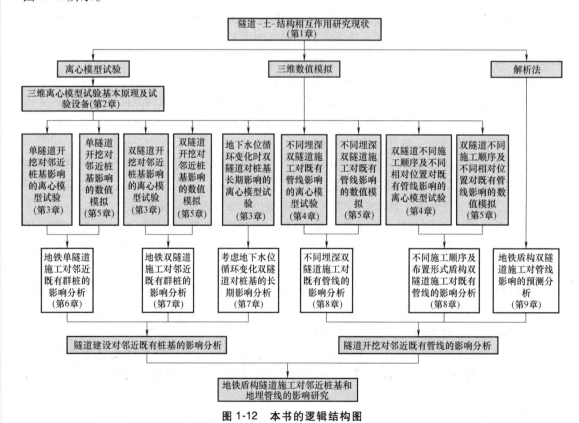

图 1-12 本书的逻辑结构图

第 2 章

三维离心模型试验基本原理及试验设备

2.1 引言

离心模型试验作为当今岩土工程技术研究领域最先进、最重要的研究手段之一广泛应用于岩土工程各领域。本章将对离心模型试验中涉及的关键问题进行详细介绍，包括离心模型试验的基本原理、相似比问题、相关设备等。

2.2 离心模型试验原理

在实际工程中，当需处理较为复杂的岩土工程问题时，离心模型试验以其能模拟原型自重应力这一独特的优点，成为预测相关结果及验证相关岩土力学机理不可替代的研究手段。英国土木工程学会在对68个岩土工程学术界的著名专家、顾问公司、研究机构的研究手段进行了资料收集及相关调研工作的基础上，于1999年将离心模型试验列为过去50年内岩土工程研究领域最重要的发展之一（图2-1）。目前，离心模型试验作为岩土工程技术研究领域最先进、最重要的研究手段广泛应用于岩土工程各领域。离心模型的应用简要归纳如下：岩土工程设计参数研究；设计方案及相关设计计算方法的验证和比选；作为数学模型及数值分析计算方法的验证标准；岩土工程领域中作用机理和破坏机理研究的重要研究手段。

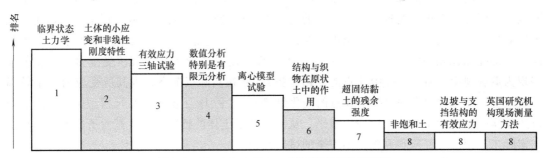

图 2-1 近 50 年来岩土工程领域重要发展历程

2.2.1 离心模型试验的运动学原理

因为离心模型试验中离心加速度是人为施加的,试验过程中模型尺寸范围内任意点的离心加速度将随着离心半径的变化而变化,从而使得模型土体的加速度与实际土体的重力加速度并不完全一致,因此,研究离心模型试验过程中的运动学原理,有助于提高对离心模型试验基本原理的认识和理解。

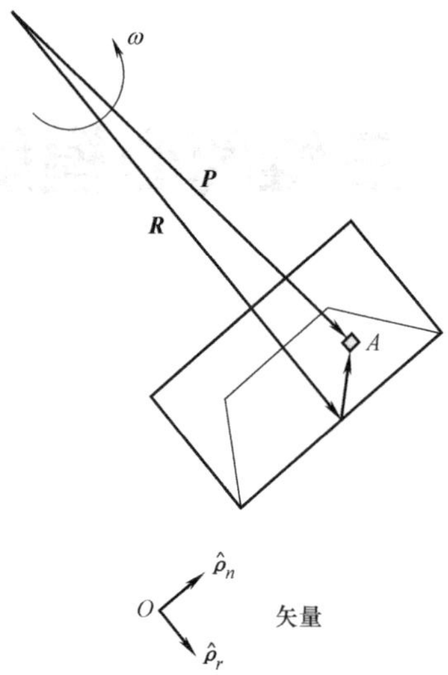

图 2-2 所示为离心模型试验转动过程的俯视图,以任意时刻模型箱中任意点 A 点为例,建立运动学公式。

基于图 2-2 中所示的笛卡儿坐标系,则 A 点的总矢量表达式为

$$P = R + r = R_r \hat{\rho}_r + r_r \hat{\rho}_r + r_n \hat{\rho}_n \quad (2\text{-}1)$$

式中,P 为从离心机转轴指向 A 点的矢量;R 为从离心机转轴指向 O 点(模型箱底部)的矢量;r 为从 O 点指向 A 点的矢量;$\hat{\rho}_r$ 和 $\hat{\rho}_n$ 分别为径向及环向单位矢量。由式(2-1)可得 A 点处的加速度:

$$\frac{d^2 P}{d^2 t} = \frac{d^2 R}{d^2 t} + \frac{d^2 r}{d^2 t} \quad (2\text{-}2)$$

图 2-2 离心模型试验转动时的俯视图

假定离心加速度稳定后,也即其角速度为定值(ω 为定值,$\omega = 0$),且离心机机臂长度为定值,也即 $|R|$ 为定值。则 A 点的加速度表达式:

$$\frac{d^2 P}{d^2 t} = \ddot{r}_r \hat{\rho}_r + \ddot{r}_n \hat{\rho}_n - 2\omega \dot{r}_r \hat{\rho}_n + 2\omega \dot{r}_n \hat{\rho}_r - \omega^2 (R_r + r_r) \hat{\rho}_r - \omega^2 r_n \hat{\rho}_n \quad (2\text{-}3)$$

根据上述各参量的物理意义,式(2-3)可分为三部分:

1)$-\omega^2(R_r + r_r)\hat{\rho}_r - \omega^2 r_n \hat{\rho}_n$ 为因离心机转动所产生的 A 点处的向心加速度。

2)$\ddot{r}_r \hat{\rho}_r + \ddot{r}_n \hat{\rho}_n$ 为 A 点处相对于离心机平台的加速度,分为径向加速度和环向加速度,如由边坡失稳、试验台振动、隧道开挖面失稳、模拟地震荷载或者爆破所产生的加速度。

3)$-2\omega \dot{r}_r \hat{\rho}_n + 2\omega \dot{r}_n \hat{\rho}_r$ 为科里奥利(Coriolis)加速度,如由渗流、降雨、污染物扩散等过程所产生的加速度。

2.2.2 离心模型试验基本原理

饱和土的工程性质除受土体密度影响之外,其所受的当前应力状态更是影响其特性的重要因素。因此,在进行与饱和土体相关的物理模型试验时,能否在试验过程中成功地还原土体所对应原型问题的应力水平和密度,对试验结果将产生显著影响。如图 2-3 所示,密度相同,也即孔隙比相同的某种砂土,在 1g(重力加速度)工况下,因其所受应力水平较低而表现为剪胀现象(如图 2-3 中 A 点的变化趋势),而在实际工况下,因其所受应力水平较高而表现为剪缩现象(如图 2-3 中 B 点的变化趋势)。这种 1g 工况下的缩尺模型试验,因其难以还原实际工况中土体所受的应力水平,从而高估了土体的抗剪强度,试验所得的结论可能与实际工况相反,甚至得到偏于不安全的试验结论。

离心模型试验即将制作完备的土工模型放置于高速旋转的离心机平台上,让土工模型承

受相当于重力加速度 N 倍的离心加速度的作用,以此来补偿缩尺模型引起的重力损失,从而还原土工模型所对应实际工况所受的应力状态[169,170]。当离心机以恒定角速度 ω 转动时,模型箱中任意点所受离心加速度为 $r\omega^2$(r 为模型箱中任意点与转动轴之距),离心模型一般在与原型相同的土体中进行,则在 N 倍的重力加速度工况下,模型中深度为 h_m 处的土体所受的竖向应力 $\sigma_m = Nh_m g$ 与原型中土体所受竖向应力 σ_p 基本相同。这也是离心模型试验的基本原理,即如果模型尺寸相当于原型

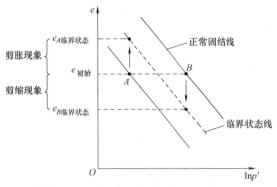

图 2-3 密度相同的某种砂土在不同应力下受剪后的表现[168]

尺寸的 N 倍,当其受到 N 倍的重力加速度作用时,模型中任意点受到的应力水平基本与原型相同[171]。值得注意的是,因为模型箱中任意点所受的离心加速度与该点与转动轴之距有关,这也使得模型中土体的应力分布与实际工况并非一致,两者存在一定的误差,但是该误差会随着离心机机臂的增大而逐渐减小。

2.3 离心模型试验相似比

如何正确地确定离心模型试验的相似比尺是试验成败的关键。一般有两种确定方法:量纲分析法和力学相似规律分析法[171]。目前常用的离心模型试验中的相似比尺寸关系见表 2-1。虽然离心模型的最大优点是能够使模型模拟的工况更接近实际,但是由于离心机所提供的加速度场并非均匀的,且因模型箱尺寸的限制,使得离心模型试验有一定的局限性。同时,同一模型中对于不同的部件还可能存在相似比不统一的工况,对于此种工况,应选择试验中关注的重点问题(如桩、地下连续墙、地埋管线的抗弯刚度)进行模拟。

表 2-1 常用离心模型试验的基本相似比尺寸[172]

	试验参数	单位	相似比尺寸(模型/原型)
基本	加速度	m/s²	N
	线性尺寸	m	$1/N$
	应力	kPa	1
	应变	—	1
土体	密度	kg/m³	1
	颗粒	—	1
结构构件	轴力	N	$1/N^2$
	弯矩	N·m	$1/N^3$
	轴向刚度 EA	N	$1/N^2$
	抗弯刚度 EI	N·m²	$1/N^4$
固结问题	时间	s	$1/N^2$

(续)

试验参数		单位	相似比尺寸（模型/原型）
渗流问题	渗透参数	m/s	N
	黏滞性系数	Pa·s	1
	时间	s	$1/N^2$

2.3.1 静力模型试验的相似比

岩土工程实际问题中土体内部的重力加速度一般认为是处处相等的，但是对于离心模型试验而言，模型箱中任意点的离心加速度随半径的变化而变化，因此，为了尽量减小试验误差，应选择合适的旋转半径并以此来确定模型与原型的比尺关系 N。如图2-4所示，为离心模型试验中模型箱土体的实际竖向土压力与按恒定加速度所得竖向土压力（也即原型竖向土压力）的对比图。假定模型箱距离心机转动轴的有效半径 R_e[171,173] 位于模型顶面以下 aR_e 处，则模型箱中距离心机转动轴之距为 r 处的竖向土压力 σ_{vm}[173]：

$$\sigma_{vm} = \int_{R_e(1-a)}^{r} \rho r \omega^2 dr \tag{2-4}$$

式中，ρ 和 ω 分别为土体密度和角加速度。

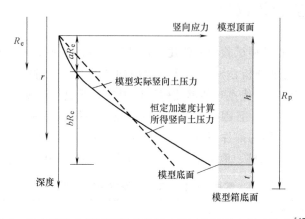

图2-4 离心试验中模型实际土体压力及对应原型土压力比较[173]

该深度处对应的原型竖向土压力为：

$$\sigma_{vp} = \int_{R_e(1-a)}^{r} \rho N g dr \tag{2-5}$$

式中，N 为模型与原型的比尺，且有 $\omega^2 R_e = Ng$。

此处有效半径选取的一个重要原则为，由恒定加速度所得的竖向土压力曲线下包面积与由模型箱内土体实际所得曲线下包面积相等：

$$\int_{R_e(1-a)}^{R_e(1+b)} \int_{R_e(1-a)}^{r} \rho N g dr dr = \int_{R_e(1-a)}^{R_e(1+b)} \int_{R_e(1-a)}^{r} \rho \omega^2 r dr dr \tag{2-6}$$

当所取得有效半径 R_e 可使得模型箱土体上部竖向土压力损失量与下部竖向土压力增加

量相等时，即可最大限度的消除误差，从而与实际工况中土体应力更为接近。由式（2-6）得 $b=2a$，即 $aR_e=(a+b)R_e/3$，则有效半径为离心机转动轴与 1/3 土体深度之和，此种情况下，模型箱土体深度 2/3 处的竖向土压力与实际工况相同，且模型箱土体竖向应力与原型应力之差最大值位于模型土体深度 1/3 处和模型底部，模型底部最大误差：

$$\left|\frac{\sigma_{vm}-\sigma_{vp}}{\sigma_{vp}}\right|=\frac{H_m}{6R_e} \tag{2-7}$$

由式（2-7）可得，当模型土体高度与有效半径 R_e 之比小于 0.2 时，最大误差可限于 3% 以内。

2.3.2 固结问题的相似比

孔隙水压力消散的快慢是影响土体固结的重要因素，因此通过对孔隙水压力的消散过程进行量纲分析，即可获得与固结问题相关的相似比。土力学中一般采用固结度来衡量土体固结程度，而土体的固结度又与固结时间因子密切相关，且固结时间因子的表达式为：

$$T_v=\frac{C_v t}{H^2} \tag{2-8}$$

式中，固结时间因子 T_v 为无量纲数；H 为孔隙水压力消散过程中的排水路径；C_v 为土体的固结系数，其值与土质相关；t 为固结时间。对于无量纲数，如采用相同的土体，则离心试验模型与原型有相同的数值：

$$\frac{C_{vm}t_m}{H_m^2}=\frac{C_{vp}t_p}{H_p^2} \tag{2-9}$$

因 $H_m/H_p=1/N$，则有：

$$t_m=\frac{1}{N^2}\frac{C_{vp}}{C_{vm}}t_p \tag{2-10}$$

如离心模型试验采用与原型相同的土体，则模型与原型有着相同的固结系数，因此模型时间固结时间与原型固结时间之比为 $1:N^2$。如围海造田工程中研究人造陆域吹填砂固结问题，假设吹填软土固结完成实际时间为 30 年，而在离心加速度为 $100g$ 的离心试验中，采用相同土样，则只需离心机连续转动 26.3h 即可使土体固结完成。

2.4 离心模型试验设备

本书中所涉及的相关离心模型试验均在香港科技大学土工离心实验中心完成[168,174,175]，该实验室配备有当前世界最大和最先进的土工离心试验机，其容量为 $400g \cdot t$，并装备有世界先进的四轴机器人和首台双向液压振动台，如图 2-5 和表 2-2 所示为香港科技大学离心机及其主要技术指标。

表 2-2 香港科技大学离心机主要技术指标

关键指标	容量/g·t	转臂半径/m	最大离心加速度/g	挂篮空间/m
参数	400	3.42(至转台中心)	150	1.5×1.5×1.0(静力试验)、0.6×0.6×0.6(动力试验)

如图 2-6 和表 2-3 所示为香港科技大学双向振动台及其主要技术指标。

图 2-5　香港科技大学直径 8.5m 离心机（容量为 $400g \cdot t$）

图 2-6　香港科技大学双向振动台

表 2-3　香港科技大学双向振动台主要技术指标

参　　数	具体数值	参　　数	具体数值
振动方向	两个水平方向	最大振动深度	170mm/s
最大振动加速度	35g	振动频率	0~350Hz

如图 2-7 和表 2-4 所示为香港科技大学四轴机器人及其主要技术指标。

图 2-7　香港科技大学四轴机器人

表 2-4　香港科技大学四轴机器人的主要技术指标

技术指标	X 轴	Y 轴	Z 轴	旋转轴
行程	1.008m	0.839m	0.305m	270°
最大速度	6.67cm/s	6.67cm/s	3.47cm/s	10°/s
精确度	1.0mm	1.0mm	1.0mm	1.0°
承载力	1000N	1000N	5000N	5N·m

如图 2-8 所示为香港科技大学离心机与世界各地主要离心机的对比情况图，表 2-5 所列为图 2-8 中字母缩写的详细说明。

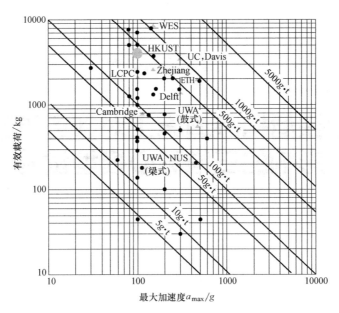

图 2-8　世界主要离心机容重比较[168]

表 2-5　图 2-8 中缩写字母含义[168]

缩写	机构	国家
Cambridge	剑桥大学	英国
Delft	代尔夫特理工大学	荷兰
ETH	苏黎世联邦理工大学	瑞士
HKUST	香港科技大学	中国
LCPC	法国国立道桥实验中心	法国
NUS	新加坡国立大学	新加坡
UC,Davis	加州大学戴维斯分校	美国
UWA	西澳大学	澳大利亚
WES	美国航道实验中心	美国
Zhejiang	浙江大学	中国

第3章

地铁盾构隧道施工对邻近桩基影响的三维离心模型试验

3.1 引言

通过第 2 章的描述，可知离心模型试验是目前最为先进的可用于开展隧道-土-结构相互作用研究工作的试验手段之一。本章将着重对地铁盾构单隧道施工对邻近桩基影响、地铁盾构双隧道施工对邻近桩基影响、地下水位循环变化时双隧道对桩基长期影响的离心模型试验相关内容进行详细介绍，包括离心模型试验方案、离心模型试验尺寸、试样用土、模型桩和隧道的制作、测量仪器的选择与布置、试验准备及试验步骤。

3.2 离心模型试验方案

3.2.1 单隧道施工对桩基影响的试验方案

如图 3-1 所示为单隧道施工对桩基影响的模型试验断面示意图。模型中隧道底部与桩底

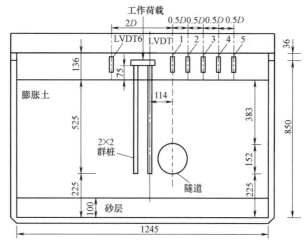

图 3-1 模型试验断面示意图

位于同一埋深,且群桩为高承台桩基。此次离心机试验的重力加速度为正常重力场下的40倍（40g），故模型尺寸为现场的1/40。

3.2.2 双隧道施工对桩基影响的试验方案

如图3-2所示为双隧道施工对邻近群桩影响的离心模型试验断面示意图。试验1隧道轴线与桩底位于同一埋深,试验2隧道底部与桩底位于同一埋深处。群桩尺寸与单隧道施工对桩基影响的试验方案相同,且试验的重力加速度同为正常重力场下的40倍（40g）。

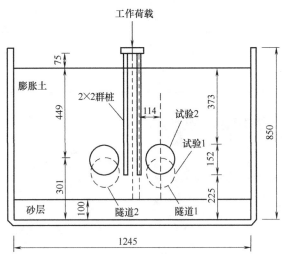

图3-2 模型试验断面示意图（单位:mm）

3.2.3 地下水位循环变化时双隧道对桩基长期影响的试验方案

本试验的隧道与群桩的相对位置与图3-2相同。待双隧道施工对桩基影响的试验完成3h后,即开始进行地下水位上升下降循环3次的操作,以此来研究地下水位循环变化时邻近隧道桩基的位移、变形及内力变化规律。

3.3 离心模型试验尺寸及试验土样

3.3.1 离心模型试验尺寸

试验三维模型箱尺寸为:1.265m（长）×1.245m（宽）×0.85m（高）,如图3-3所示。如图3-1和图3-2所示分别为本次试验单隧道和双隧道施工时的离心模型试验断面示意图。

三组试验材料的模型尺寸与原型尺寸见表3-1。

3.3.2 离心模型试验用土

三组离心模型试验用土均取至广西南宁地铁隧道施工现场。土体的相关参数:自由膨胀率 $\delta_{ef} = 59\%$,塑性指数 $I_p = 28.0$,塑限 $W_P = 25\%$,液限 $W_L = 53\%$,最优含水率 $\omega_0 = 12.9\%$,干密度 $\rho_d = 1600 \text{kg/m}^3$,含水量 $\omega = 18\%$。制作模型所用的土样外观如图3-4所示。

表 3-1 模型尺寸与原型尺寸

模型尺寸与原型尺寸	模型尺寸/mm	原型尺寸/m
隧道埋深	374	14.96
隧道外径	152	6.08
每段开挖长度	76	3.04
总开挖长度	380	15.2
单桩直径	20	0.8
插入土中长度	525	21
桩间间距	70	2.8
隧道与前桩间距	38	1.5
承台高	20	0.8
承台平面尺寸	120×120	4.8×4.8

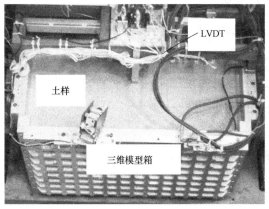

图 3-3 实验平台上的三维模型箱   图 3-4 制作模型所用的土样外观

3.4 模型制作及地层损失的模拟

本试验所述三组离心模型试验的模型桩和模型隧道均相同。

3.4.1 模型桩

试验模型所用的群桩是用铝管制成的,其由4根长600mm,直径为20mm的单桩及厚度为20mm,宽度为120mm承台连接组成,且承台是由铝板制成的,模型群桩如图3-5所示。

3.4.2 模型隧道

本试验采用排水法来模拟隧道施工造成的地层损失。三组模型试验所用隧道模型相同,隧道模型由五节水袋组成,以模拟五步阶段的施工。五节塑料水袋用金属框架组装在一起,用以固定水袋的位置。模型群桩由四根单桩组成,模型桩由铝管制作而成,四根单桩用承台连接,承台由铝板制作而成。即在离心机高速运转的过程中,逐步排出5个水袋中的预先设定好的水量,模拟预定的地层损失。隧道埋深450mm,隧道外径为152mm,相当于现场隧道埋深18.0m,隧道外直径6.08m。每一阶段的施工长度为76mm(0.5倍隧道外径D_T),五步施工总长度为380mm,分别相应于现场中3.04m和15.2m。试验设备工作原理示意图如图3-6所示。

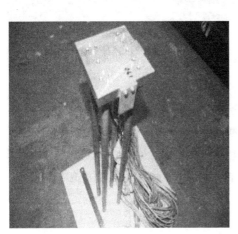

图3-5 模型群桩

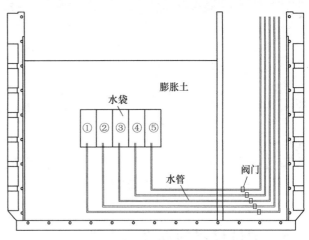

图3-6 地层损失的模拟系统工作原理示意图

试验中,目标地层损失率为2%,每个水袋体积为$1.38 \times 10^6 mm^3$,则设计排水体积为$2.76 \times 10^4 mm^3$,根据水管内径2.5mm,得到排出水的长度为5620mm。试验结束后,测得水管中水位与设计长度分别相差-35mm、+65mm、+20mm、+10mm和+15mm。由此可得,五个施工阶段中,实际地层损失率分别为1.99%、2.02%、2.01%、2.00%和2.00%,均控制在5%以内。

3.4.3 模型安装制备

土样风干、碾碎后过2mm的筛,将筛后的土样与水充分搅拌,配成含水率为18%的土样,然后闷土样24h以上(图3-7)。模型箱底安装好排水管后采用砂雨法铺设一层厚度为100mm的砂土(图3-8)。试验采用分层压实法来制备模型,在砂层上部分层铺筑闷制后的

图3-7 将干土均匀掺水

图3-8 铺设砂层

土样，每次压实厚度约为 50mm，将压实面凿毛后进行下一土层的压实，直至达到整个模型的设计高度 750mm（图 3-9）。隧道模型和群桩模型在土样压实过程中按设计位置安放（图 3-10）。如图 3-10 所示为模型制备完成后的模型平面。

图 3-9　分层压实法制备模型　　　　　图 3-10　模型制备完成后的模型平面

3.5　测量仪器的选择与布置

为了得到隧道开挖及地下水位循环所致地表沉降、邻近桩基沉降、桩基弯曲应变分布规律，本次所开展的三组试验所用的测量仪器相同，即位移传感器（LVDT）和应变计（片）（SG）。其详细参数见表 3-2。

表 3-2　试验中用的传感器

传感器	类型	型号	输入电压	量程
LVDT	位移传感器	Marco Sensor's PR series	DC 10V	0~80mm
SG	应变计（片）	TML—GFLA—3—70	DC 5V	0~3%

如图 3-11 所示，为了得到隧道开挖及地下水位循环所致桩基弯矩及轴力的分布规律，于桩长范围内布置有 36 组应变计。

三组试验所用的位移传感器如图 3-12 所示。单隧道施工对临近桩基影响的试验中共布置了 10 个位移传感器（LVDT），其中 6 个布置在模型表面，4 个布置在桩顶，如图 3-13 和图 3-15 所示。单隧道施工对临近桩基影响的试验中，试验 1 布置了如图 3-14 中 1~6 号位移传感器，试验 2 中又增加了 4 个位移传感器。位移传感器 1 位于右侧隧道的中心轴线处，传感器 1~5 号的间距均为 1 倍隧道半径，传感器 6~10 号与 1~5 号关于承台模型中心对称。两组试验中桩顶的传感器布置方式与单隧道工况相同。地下水位循环变化时双隧道对桩基长期影响的试验中位移传感器与应变计的布置与试验 2 中相同。

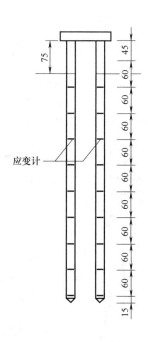

图 3-11　桩基弯矩及轴力应变计（片）布置

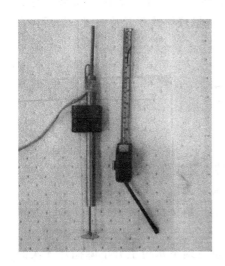

图 3-12 位移传感器（LVDT）

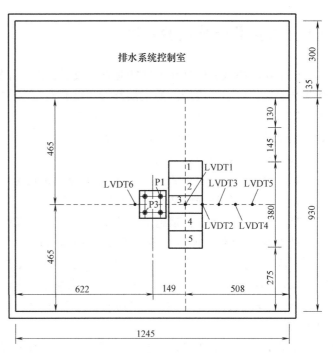

图 3-13 单隧道施工时地表竖向沉降测点的位移传感器布置

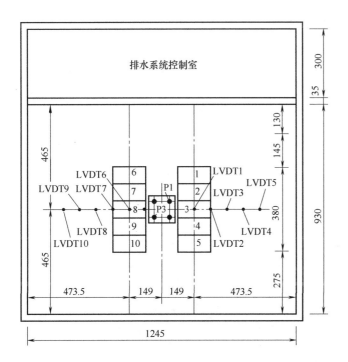

图 3-14 双隧道施工时地表竖向沉降测点的位移传感器布置

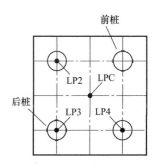

图 3-15 桩顶附加沉降控制点布置

3.6 试验准备及试验步骤

待上述离心试验模型相关部件制备完成后,即可开始模型的准备工作。即清理模型箱内侧壁及底部,标记试验阶段的土层高度、隧道位置和桩位置。并采用"砂雨"法来进行撒砂,然后进行地基模型的制作、桩与隧道等构件的安装,测量仪器的布置及调试,最后检查空气阀及导线,并且校核后即可进行离心试验。

试验流程大致分为以下六个阶段:

第一阶段:将离心机的加速度从 $1g$ 升至目标加速度 $40g$,约 10min。

第二阶段:使地表固结沉降达到稳定,约持续 4h,约为原型的 267d。

第三阶段:逐步在桩顶施加荷载至工作荷载 1500N(约为原型的 2400kN),每一步的荷载增量为 100N(约为原型的 160kN),约持续 10min。

第四阶段:单隧道施工时,排除 1~5 号水袋中设定的水量即可(约为 10min),试验 1、2 在模拟双隧道施工时需依次排出 1~10 号水袋中设定的水量(约为 20min)。

第五阶段:试验 1、2 施工完后孔隙水压消散及桩基长期沉降,约持续 20h,约为原型 1333d;

试验 2 开挖完成 3h 后(相当于实际 200d),即开始进行地下水位上升下降循环 3 次的操作。进行地下水位循环之前,试验初始水位设置在模型底部,每次水位上升至模型表面。在试验过程中,每个水位循环包括 3h 的升水位与 3h 的降低水位过程。整个过程大约持续 21h,约为实际的 1400d。

第六阶段:降加速度 $40g$ 至 $1g$,约 30min。

第 4 章

地铁盾构隧道施工对邻近地埋管线影响的离心模型试验

4.1 引言

针对目前有关不同埋深双隧道开挖对邻近既有连续地埋管线影响及双隧道不同开挖顺序、不同布置形式对邻近既有连续地埋管线影响的研究不足，且为了对隧道-管-土相互作用机理更深入的理解，本章将设计四组离心模型试验对这两类问题开展系统研究。将详细介绍本次所展开的四组离心模型试验的试验方案、模型制作、测量材料及测量系统、试验准备及试验流程，其中将对一种可在离心模型试验中同时模拟隧道开挖所致地层损失效应和重力损失效应的隧道模型进行详细描述。

4.2 离心模型试验方案

4.2.1 不同埋深双隧道施工对既有管线影响的试验方案

为了研究不同埋深双隧道施工对既有连续管线的影响，本节共设计两组离心模型试验。如图 4-1 所示为两组试验的平面布置图。模型土体的长、宽、高分别为 1245mm、930mm、750mm，按照表 4-1 给出的离心模型试验相似比关系，相当于实际中的 74.7m、55.8m、45m。埋深相同两隧道平行布置，两隧道之间的净距为 $1D_T$（隧道直径），试验过程中先施工图 4-1 中的右侧隧道，待其施工完成后接着施工左侧隧道，两隧道各分 6 段。管线与隧道轴线垂直布置并置于隧道施工段中部。图 4-1 中管线长度为 1150mm，则管线两端与模型箱侧壁之间仍存有 47.5mm 的空隙，此空间足以消除箱壁边界效应对管线变形的影响。

图 4-2 为两组试验的正立面图。其中 C_P 为地表至管线顶面之距，D_P 为管线直径，C_T 为地表至隧道顶面之距，D_T 为隧道直径，P 为管线底面至隧道顶面之距。两组试验中隧道上覆土厚度与隧道直径之比 C_T/D_T 分别为 4、2。管线上方覆土厚度均为 80mm，即相当于实际工况中的 4.8m。管隧之间的竖向净距与隧道直径之比 P/D_T 分别为 2.9 和 0.9（表 4-1）。隧道底部至模型箱底部的竖向净距与隧道直径之比分别为 2.5、4.5，其间距足以能消除模

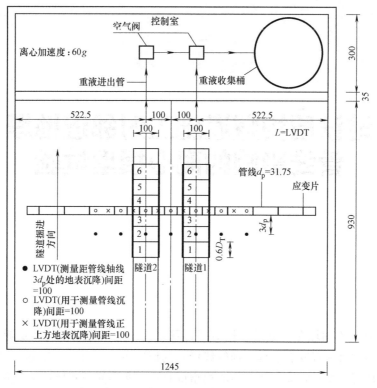

图 4-1 离心试验平面布置图（试验 1、2、3）（单位：mm）

型箱底部边界效应的影响。

表 4-1 离心模型试验模型尺寸

试验编号	C_P/D_P	C_T/D_T（右侧隧道）	C_T/D_T（左侧隧道）	P_1/D_T（右侧隧道）	P_2/D_T（左侧隧道）	备 注
试验 1	2.5	4	4	2.9	2.9	先施工右侧隧道后施工左侧隧道
试验 2	2.5	2	2	0.9	0.9	先施工右侧隧道后施工左侧隧道
试验 3	2.5	2	4	0.9	2.9	先施工上覆隧道后施工下置隧道
试验 4	2.5	2	4	0.9	2.9	先施工上覆隧道后施工下置隧道

4.2.2 双隧道不同施工顺序及不同相对位置对既有管线影响的试验方案

为了研究双隧道不同施工顺序及不同相对位置对既有连续管线的影响，共设计两组离心模型试验，其中试验 3 的平面布置图与试验 1 和试验 2 相同（图 4-2），如图 4-3 所示为试验 3 的正立面图，图中双隧道平行布置但位于不同埋深处，两隧道之间的水平净距与竖向净距均为 $1D_T$。两隧道上覆土厚度与隧道直径之比 C_{T1}/D_T、C_{T2}/D_T 分别为 2、4。管线上方覆土厚度仍为 80mm，即相当于实际工况中的 4.8m。管线底面与两隧道顶面的竖向净距与隧道直径之比 P_1/D_T、P_2/D_T 分别为 0.9 和 2.9（表 4-1）。两隧道底部至模型箱底部的竖向净距与隧道直径之比分别为 2.5、4.5，其间距足以能消除模型箱底部边界效应的影响。试验过程中先分 6 段施工上覆隧道，待其施工完成后，接着分 6 段施工下置隧道。

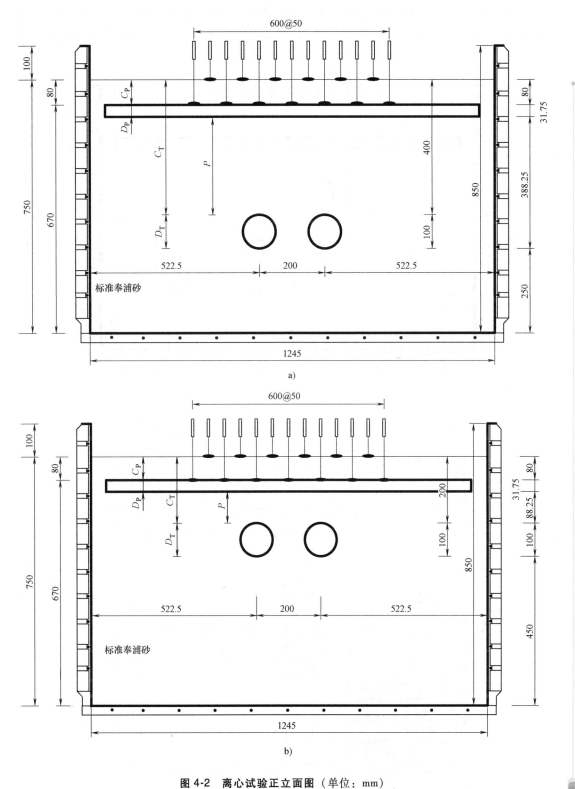

图 4-2 离心试验正立面图（单位：mm）
a）试验 1 正立面图　b）试验 2 正立面图

如图 4-4 和图 4-5 所示为试验 4 的平面布置图和正立面图，图中两隧道重叠布置，两隧道之间的竖向净距为 $1D_T$。与试验 3 相同，两隧道上覆土厚度与隧道直径之比 C_{T1}/D_T 和

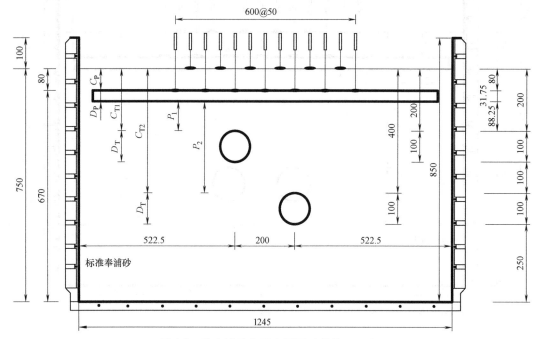

图 4-3　离心试验 3 正立面图（单位：mm）

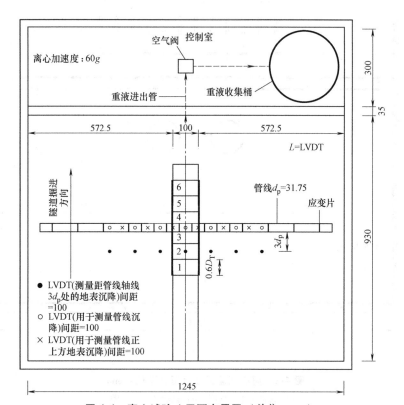

图 4-4　离心试验 4 平面布置图（单位：mm）

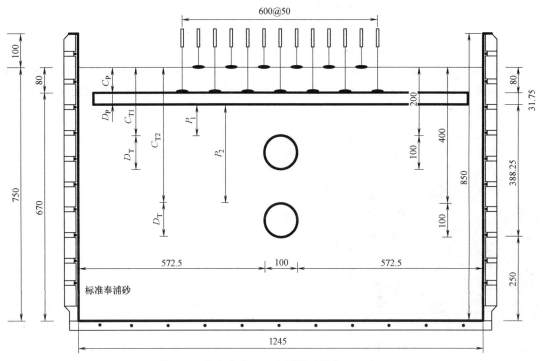

图 4-5　离心试验 4 正立面图（单位：mm）

C_{T2}/D_T 分别为 2 和 4。管线上方覆土厚度仍为 80mm，即相当于实际工况中的 4.8m。管线底面与两隧道顶面的竖向净距与隧道直径之比 P_1/D_T、P_2/D_T 分别为 0.9 和 2.9（见表 4-1）。两隧道底部至模型箱底部的竖向净距与隧道直径之比分别为 2.5、4.5，其间距足以能消除模型箱底部边界条件的影响。试验过程中先分 6 段施工上覆隧道，待其施工完成后，接着分 6 段施工下覆隧道。

需要注意的是，本次四组试验中管线和隧道均采用"wished-in-place"的方法进行模拟，即试验开始前，管线和双隧道均已位于设计位置处，如果先施工下置隧道，由于上覆隧道的存在而产生的遮拦效应，势必会减小下置隧道施工对上覆土体及管线的影响，从而影响试验结果，所以试验 3、4 中双隧道的施工工序均为先施工上覆隧道后施工下置隧道。

4.3　离心模型试验尺寸及试验用土

如图 4-6 所示为试验所用的三维模型箱，其长、宽、高为 1.25m×1.25m×0.85m，模型箱由高强度不锈钢制成，以防止模型箱在高速离心场中发生的附加变形而影响试验结果。模型箱分为两部分，即模型组装室和控制室，两者之间由高强度不锈钢隔板隔开，并于隔板与箱壁之间均匀布置 9 根加强支撑。模型箱四角均设置有吊点，方便试验制备完成之后的吊装。

四组试验所用土均为 Toyoura sand，其由稍有棱角的石英颗粒组成（图 4-7）。Toyoura sand 的平均粒径（D_{50}）、最大孔隙比（e_{max}）、最小孔隙比（e_{min}）、土粒比重（G_s）、临界状态有效内摩擦角（φ'_{cr}）分别为 0.17mm、0.977、0.597、2.65、30°[176]。据 Jaky (1944)[177] 提出的经验公式和临界状态摩擦角，可得正常固结情况下的静止侧压力系数 K_0 为 0.5。根据 Bolton（1987）[178] 提出的经验公式，在 60g 工况下，其膨胀角为 8°。图 4-8 为 Yamashita 等（2000）[179] 以 Toyoura sand 为研究对象，通过试验所得的 $K_0=0.46$ 固结条件下和各向等压固结条件下剪切模量随轴向应力变化图，试验初始有效竖向压力为 100kPa。Fuglsang 和 Ovesen（1988）[180] 及 Garnier 等（2007）[172] 研究指出，当土体颗粒粒径小于结构物主要尺寸（如管径）的 1/30 时，土粒粒径效应对试验结果的影响可以忽略。本书四组试验中土粒粒径与管径之比为 1∶187。

图 4-6 三维离心模型箱

图 4-7 Toyoura sand 颗粒组成图[172]

表 4-2 Toyoura sand 的物理力学参数

项 目	数值	参考文献
土粒比重 G_s	2.65	Yamashita 等（2000）[179]
临界状态有效内摩擦角（φ'_{cr}）/(°)	30	Ishihara（1993）[176]
膨胀角 ψ'/(°)	8	Bolton（1986）[178]
最大孔隙比 e_{max}	0.977	Ishihara（1993）[176]
最小孔隙比 e_{min}	0.597	Ishihara（1993）[176]
平均粒径 D_{50}/mm	0.17	Ishihara（1993）[176]
土粒非均匀系数 U_c	1.7	Ishihara（1993）[176]
静止侧压力系数 K_0	0.5	Jaky（1944）[177]
泊松比 ν'	0.3	Zhang 等（2010）[181]
弹性模量 E_{sec}/MPa	见图 4-8	Yamashita 等（2000）[179]

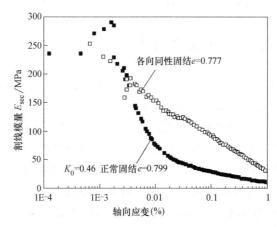

图 4-8 Toyoura sand 的剪切模量与轴向应变关系曲线图[179]

4.4 模型制作及地层损失的模拟

4.4.1 模型管

模型管采用 6016 型铝管制成，其杨氏模量和泊松比分别为 69GPa 和 0.33。管线外径、厚度、长度分别为 31.75mm、2.08mm、1150mm，按照表 4-1 给出的离心模型试验相似比关系，相当于实际工况中的 1.905m、0.125m、69m，目前市政工程中主管线广泛采用此种尺寸。Klar 等[182]采用解析法对隧道-管-土相互作用问题进行了分析后指出，当管-土相对刚度 $R=E_P I_P/E_S r_P i^3$（$E_P I_P$ 为管线刚度；E_S 为土体弹性模量；r_P 为管线半径；i 为地表沉降槽中点至反弯点之距）大于 5 时，管线可视为刚性管。据此结论，本试验中管-土相对刚度 R 位于 40~80 的范围内，管线可视为刚性管。Klar 等[183]采用解析法对隧道施工对节点管线的影响进行了分析，结果显示，对于节点管线而言，因为管线节点的缓冲作用，使得因隧道施工所致节点管线的弯曲应变一般均小于连续管线。因本文四组离心模型试验均采用连续管线，则隧道施工所致管线弯曲应变均大于相同条件下节点管线的弯曲应变，也即四组试验所得管线弯曲应变均偏于保守。Jacobsz 等[17]采用离心模型试验对位于砂土中隧道施工所致主要影响区域进行了研究，认为沿隧道底部与水平面呈 45°角方向作切线与地表相交，此两条线所夹区域即为隧道施工对其上覆土体的主要影响区域，据此结论，本文所选管线长度 1150mm 均超出了两隧道施工主要影响区域（图 4-9），因此本试验中的管线变形及附加应力不会受到边界条件的影响，也即试验中的管线相当于实际工况中的无限长管线。

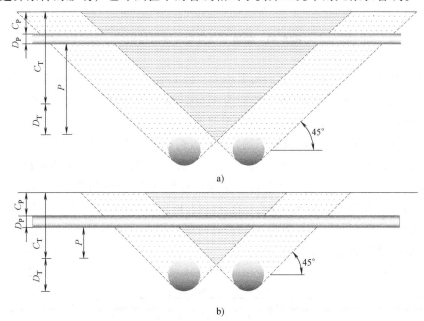

图 4-9 管线位于双隧道施工主要影响区域[30]

a) 管线位于双隧道施工主要影响区域（试验 1） b) 管线位于双隧道施工主要影响区域（试验 2）

为了得到管线的弯曲应变，沿着管线上部和底部共粘贴 16 组高灵敏度应变片（应变片应变灵敏系数为 150，而普通应变片的应变灵敏系数仅为 2（图 4-10），测量误差范围仅为

±1.5με，相邻两组应变片之距为 50/100mm（图 4-1 和图 4-4）。为了补偿温度效应的影响，应变片均采用全桥电路方式连接，图 4-11 为管线弯曲应变测量电路图。

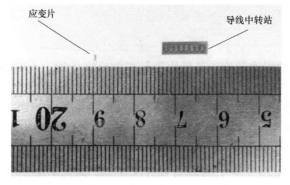

图 4-10 应变片和导线中转站

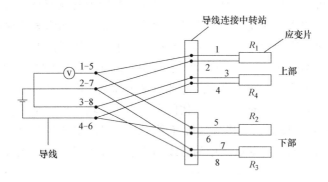

图 4-11 管线弯曲应变测量电路图

将成品的 6016 型铝管截断为试验所需长度，即 1150mm，于管线顶面及底面且与弯曲应变测量截面之距为 25mm 处各钻 16 个直径为 1.5mm 的小孔（图 4-12），以备布设应变片连接导线。如图 4-13 所示为按图 4-11 所示的电路图连接的管线某一截面的应变片，导线从钻孔处穿入管线内部，于端口伸出扭结成股并标记截面编号（图 4-14），伸出的同一截面的四根导线与四芯电话线连接（图 4-15），电话线另一端连接四芯水晶头（图 4-15）。待所有截面的应变片粘贴完毕后，于管线外表面分层涂抹厚度为 1.5mm 的环氧树脂以保护应变片（图 4-16），环氧树脂由按配合比 0.8∶1 的固化剂和环氧树脂调配而成（图 4-17）。考虑到所涂环氧树脂的抗弯刚度仅为铝管的 1/30，其对管线弯曲应变的影响可以忽略。管线两端封闭以防止试验过程中土体侵入而影响试验结果。

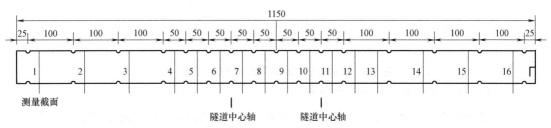

图 4-12 管线弯曲应变测量截面分布图

第4章 地铁盾构隧道施工对邻近地埋管线影响的离心模型试验

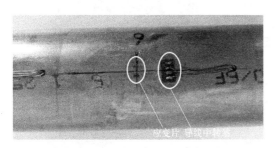

图 4-13 粘贴后的应变片和导线中转站

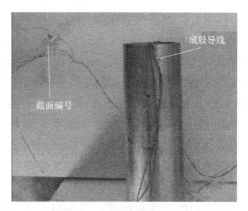

图 4-14 管端导线连接图

图 4-15 四芯电话线与水晶头

图 4-16 涂抹环氧树脂于管线表面

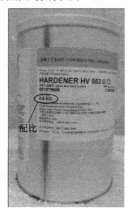

a) b)

图 4-17 环氧树脂和固化剂
a) 环氧树脂 b) 固化剂

模型管线制备完成后，即可开始管线弯矩标定工作（图4-18），将管线两端置于支座之上，于管线中部逐级循环加卸配重，加载及卸载各循环两次，每次施加及减少配重后均留足够的时间待电压值（图4-19）稳定再开始下一步工作。标定的原理：当管线受到外加荷载而发生变形时，其表面高灵敏度的应变片的电阻将会变化，电阻的变化将使得测量电压的变化，而管线每个测量截面的实际弯矩值可将管线视为简支梁计算获得，从而可以建立电压与弯矩之间的线性关系式，图4-20即为管线某一截面的弯矩电压关系图，此关系式即可用于之后的试验数据处理。

图 4-18 管线弯矩标定

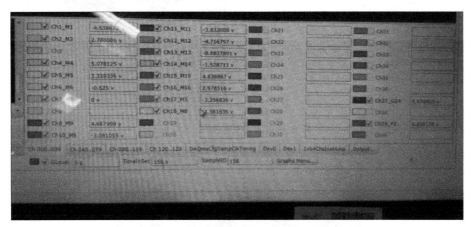

图 4-19 电压读数

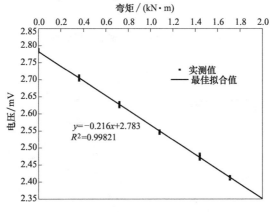

图 4-20 弯矩—电压关系曲线

4.4.2 模型隧道

如图4-2和图4-5所示，两隧道平行布置，均分6步施工，每段施工长度为 $0.6D_T$。本书所开展的四组离心模型试验中双隧道施工均采用一种形如环形体的隧道模型进行模拟[67]，该隧道模型可以同时模拟隧道施工所产生的地层损失效应和重力损失效应，如图 4-21 所示为该隧道模型的横截面图和纵截面图，隧道模型由三部分组成，即隧道内膜、外模和用于模拟隧道衬砌的铝管。模型隧道的直径为 100mm，即相当于模拟实际工况中直径为 6m 隧道的施工。隧道模型由铝材制成，厚度为 3mm，其单位长度的抗弯刚度为 $0.16 kN \cdot m^2/m$。模型隧道的内膜和外膜均由硅酮橡胶制成，固体硅酮橡胶由如图 4-22 所示的液体硅酮橡胶和硅酮橡胶表面处理剂按 10：1 的配比调配制成，调制完成后的混合液抽真空 20min，以避免液体内部存在的空气影响固化后成品的质量，之后将混合液体注入如图 4-23 所示的模具中制备模型隧道的外膜，同时注入如图 4-24 所示的模具中制备隧道内膜，注入后等待 24h 待混合液固化后即可拆除模具，如图 4-25 所示为制备完成后的模型隧道的外膜和内膜，本次试验类制备内膜和外膜各 12 个，最后将所有制备的内膜和外膜与衬砌模型一起组装（图 4-26），如图 4-27 为组装完成的隧道模型及其施工顺序。

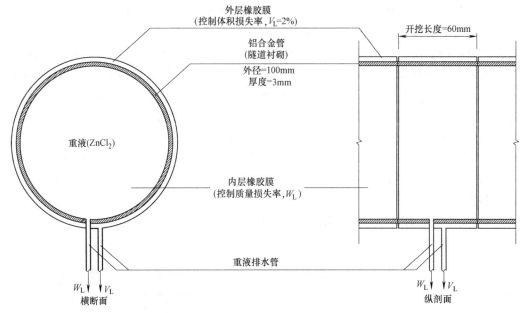

图 4-21 隧道模型的横截面图和纵截面图

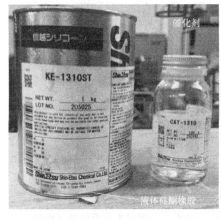

图 4-22 液体硅酮橡胶和硅酮橡胶表面处理剂

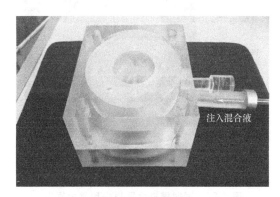

图 4-23 外膜制作

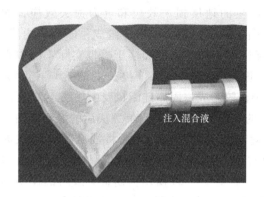

图 4-24 内膜制作

图 4-25 外膜和内膜

试验准备阶段，于外膜及内膜中注入与试验土体密度相同的 $ZnCl_2$ 重液，试验过程中排出内膜中的重液以模拟隧道施工引起的重力损失效应，同时排出外膜中的重液以模拟隧道施工引起的地层损失效应。该隧道模型模拟的开挖效应相当于实际工程中封闭型盾构隧道施工引起的效应，也即土压平衡盾构隧道或者泥水平衡盾构隧道施工引起的效应。Mair 和 Taylor[13] 报道指出，隧道施工时盾尾间隙、土体次固结、衬砌结构的变形等是导致地层损失的主要因素，当隧道穿越砂土及黏土中时，采用土压平衡盾构法施工时，隧道施工所致地层损失率分别可达 1%、2%。Shirlaw 等[184] 和 Abrams[185] 指出，当隧道开挖面由黏土层和砂层组成时，隧道施工所致地层损失率位于 1%~4%。Standing 和 Burland[186] 建议采用 2% 的地层损失率进行隧道结构设计。基于以上研究基础，本次试验选取隧道施工所致地层损失率均为 2%（图 4-26），单个隧道共分 6 步施工（图 4-21 和图 4-27），每个施工段的长度为 60mm（$0.6D_T$），隧道两端封闭以防止试验过程中土体侵入而影响试验结果。

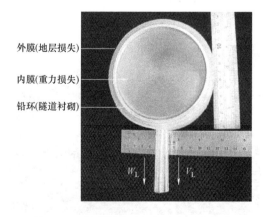

图 4-26 同时模拟地层损失和重力损失

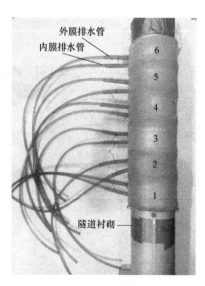

图 4-27 组装完成后的隧道模型

4.4.3 模型安装制备

待上述离心试验模型相关部件制备完成后，即可开始模型的安装及正式试验前的准备工作。

1）将三维模型箱内侧壁及箱底清理干净，并据试验设计方案于侧壁表面标记出试验准备各阶段的土层高度、隧道位置和管线位置。

2）为了防止之后进行重液冲注工作中因重液的洒出而腐蚀模型箱箱底，于箱底铺设可用于吸湿的报纸或者干布。

3）配制与试验土体密度相同的 $ZnCl_2$ 重液（图4-28）。

4）连接排水管。按图4-29所示，通过隔板底部孔洞（图4-30）将排水管由控制室连接于模型组装室内，排水管留于控制室的一端与开关连接，同时关闭开关（图4-31），排水管留于模型组装室的一端与二转一接头连接。

5）开始重液的冲注工作。由于 $ZnCl_2$ 重液有着极强的腐蚀性，冲注重液时应做好眼、口、鼻及皮肤的保护工作。每节隧道重液冲注完成后需及时将隧道排水管与转换接头连接。

6）清理箱底吸湿的报纸和干布。按照事先画好的隧道定位线，采用两根临时横梁及固定泡沫定位两隧道，并将已连接好的排水管固定于箱底。如图4-32所示为四组试验准备过程中定位好后的双隧道。

7）按照图4-29所示排水管线连接图连接控制室内的排水管线及空气阀，并最终连接于重液收集桶（图4-33），连接的过程中应尽量避免排水管线重叠且应保证空气阀与隧道开挖步一一对应。因受控制室空间限制，在封闭模型箱控制室侧板前应连接好空气阀通气管并做好标记固定工作（图4-34）。

8）撒砂。试验中采用"砂雨"来形成模型土层。为了得到相对稳定的土层密度，试验中控制撒砂高度为600mm，撒砂速度为100kg/h。每次撒砂工作开始前及结束后应注意记录称重仪的读数（图4-35）。待砂层足以保证模型隧道的稳定后，即可拆除用于固定隧道的泡沫和临时横梁（图4-36）。当砂层高度达到模型管线底部标高时，即可安装模型管线，模型管线定位完成后于其管线表面管线沉降测点处安装LVDT（位移传感器）伸长杆，安装LVDT伸长杆时，先用快干胶将伸长杆与管线相应部位粘合，接着于伸长杆根部涂抹玻璃胶，待12h以后即可继续撒砂，伸长杆上部用临时横梁固定（图4-37），待砂层达到设计标高（750mm）时，即可拆除临时横梁（图4-37）。四组试验撒砂各阶段砂层相对密度变化曲线如图4-38所示，即四组试验完成后砂层的相对密度分别位于68%~70%之间，其差值位于Garnier（2001）[187] 提出的关于用砂雨法来形成离心试验土层所允许的差值范围（±0.5%或±8kg/m^3）内。

9）于模型箱顶面安装LVDT固定架（图4-39），吊装模型箱至离心机试验平台（图4-40）。

10）标定LVDT（图4-41）。与标定管线应变片的原理相似，得到每个LVDT的位移—电压曲线（图4-42），每个LVDT标定完成后及时安装固定（图4-43）。连接空气阀通气软管，在保持开关关闭的情况下，反复调试空气阀的工作性能并记录空气阀的开启顺序。

11）固定控制面板的所有导线（图4-44a）及模型箱控制室内已连通的通气软管（图4-44b），并于模型箱顶部安装摄像头（图4-45）。

12）根据力矩平衡的原则，计算试验平衡配重，并将配重吊至离心机另一平台（图4-46）。关闭离心实验室顶盖，清理室内杂物。

13）对空气阀的工作性能进行最后校核，同时校核各测量通道是否能正常工作。在保证12个空气阀都关闭的情况下，打开之前所有关闭的开关。紧闭离心实验室室门，即可开始离心模型试验。

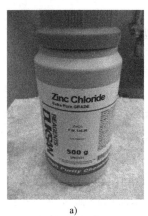
a)

b)

c)

图 4-28 重液配制

a) $ZnCl_2$ 粉末　b) 重液配制　c) 配制好后的重液

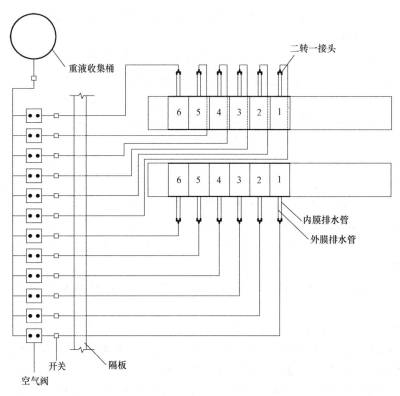

图 4-29 排水管连接图

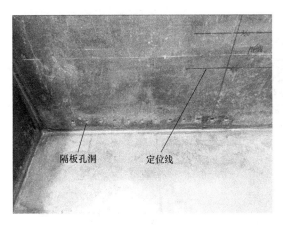

图 4-30 隔板孔洞和定位线

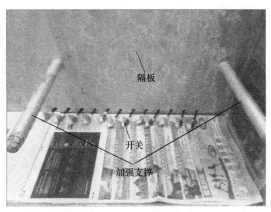

图 4-31 排水管开关

a)

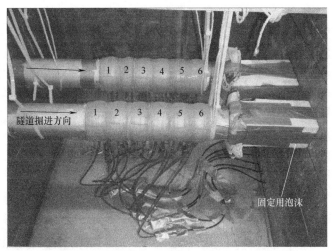

b)

c)

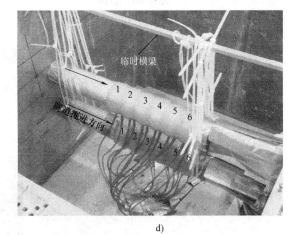

d)

图 4-32 定位后的双隧道位置

a) 试验 1 b) 试验 2 c) 试验 3 d) 试验 4

图 4-33 连接后的排水管

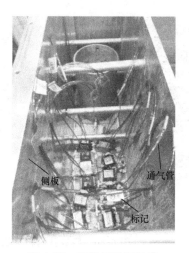

图 4-34 连接后的通气管

图 4-35 砂雨

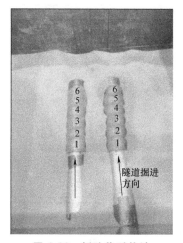

图 4-36 拆除临时估计装置后的双隧道

图 4-37 模型管线安装

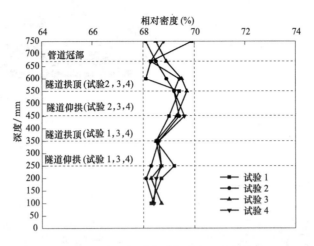

图 4-38　砂层相对密度与砂层深度的关系

图 4-39　LVDT 固定架

图 4-40　吊装模型箱至离心机试验平台

图 4-41　LVDT 标定

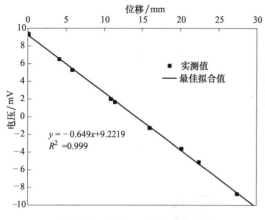

图 4-42 位移—电压关系曲线

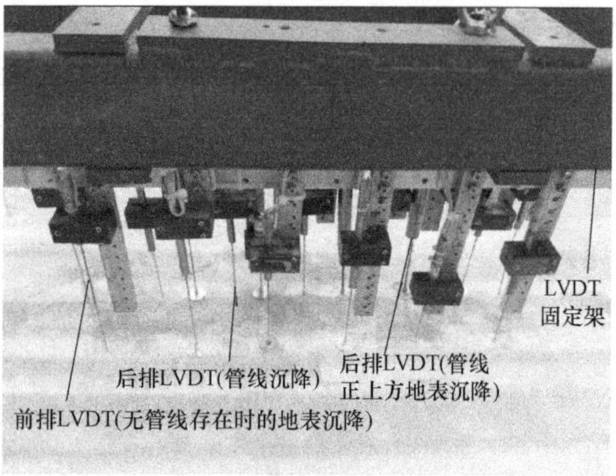

图 4-43 固定后的 LVDT

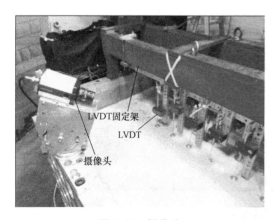

a)

b)

图 4-44 控制面板和控制室固定后的软管

a) 控制面板 b) 控制室内固定后的软管

图 4-45 摄像头

图 4-46 配重

4.5 测量仪器的选择与布置

四组试验中除了如上所述于管线表面布置有用于测量管线弯曲应变的应变片之外,如图 4-1~图 4-5 所示,为了得到隧道施工所致管线沉降及管线正上方土层表面沉降,于管线上部、管线正上方土层表面各布置一排 LVDT,相邻两 LVDT 之间的间距为 100mm。同时距管线轴线 3 倍管径（$3d_p$）地表处也布置有一排 LVDT,Attewell 等（1986）[188] 及 Yeates 和 Geddes（1984）[189] 研究指出,此距离处的地表沉降将不会受到管线存在影响,即此处的地表沉降相当于仅考虑隧道施工时所致地表沉降（Greenfield condition）。

4.6 离心模型试验过程

试验按照上述过程准备并将所有传感器工作性能校核完毕后,即可开始试验。首先,逐渐增大离心加速度至 60g,加速步骤为 5g —→ 10g —→ 15g —→ 20g —→ 30g —→ 40g —→ 50g —→ 60g,待所有传感器数据稳定后,按施工顺序依次打开控制空气阀,放出隧道内已注入的重液,同时模拟隧道施工所致体积损失和重力损失。每步施工完成后均留有足够的时间,待传感器读数稳定后再开始下一步的施工。双隧道施工完成后逐渐减小离心加速度至 1g。图 4-47 所示为四组试验过程中离心加速度变化情况。

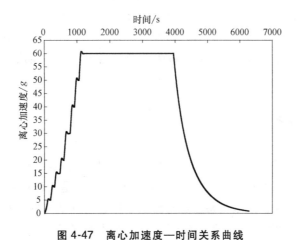

图 4-47 离心加速度—时间关系曲线

第 5 章

地铁盾构隧道施工对邻近桩基和地埋管线影响的三维数值模拟

5.1 引言

本书除了采用第 3 章、第 4 章所述的离心模型试验对隧道开挖对邻近既有桩基和地埋管线的影响进行研究,为了对隧道-桩-土和隧道-管-土相互作用机理及荷载传递机理作进一步的理解,将采用三维有限元分析对上述两个问题进行模拟分析。本章将首先对土体的特性分类进行介绍,接着将详细介绍三维有限元分析所涉及的模拟方案、模型尺寸、网格、边界条件和模型中所采用的土体本构模型,其中将系统阐述一种三维数值模拟所采用的基于地层损失率的隧道开挖模拟方法,该方法能准确地模拟隧道开挖所致地层损失效应和质量损失效应。

5.2 土体特性分类

姚仰平等[190]根据各影响因素对土体力学性质的影响程度,将土体的性质分为基本特性、亚基本特性、关联基本特性,见表 5-1。其中基本特性是土体最根本的特性,是土体区别于其他材料最本质所在,亚基本特性通过影响土体的三种基本特性而间接影响土体的力学行为,关联基本特性是学者们在建立与土体相关的本构关系时所建立的基本假定或基本概念。

表 5-1 土体特性分类

特性	基本特性					
分类	压硬性		剪缩性/剪胀性		摩擦性	
特性	亚基本特性					
分类	应力历史依存性	应力路径依存性	软化特性	各向异性	结构性	蠕变特性	颗粒破碎特性	温度特性
特性	关联基本特性					
分类	屈服特性	正交流动性	相关联性	共轴特性	临界状态特性	

1. 压硬性

图 5-1 为 Roscoe 等[191] 对重塑饱和高岭土进行等向压缩试验所得的 e-p 曲线，从图中可以看出土体压硬性两大特点：随着 e 减小时，一定量的 Δp 所引起的土体的孔隙比减小量 Δe 逐渐减小；随等向压力 p 的增大孔隙比 e 逐渐减小。

2. 剪缩性/剪胀性

图 5-2 为典型的土体应力-应变曲线[192]，从该图中可以看出，土体受剪时，伴随着其弹性及塑性应变的产生，土体的体积也会随之膨胀或收缩，此为土体的剪缩性/剪胀性。

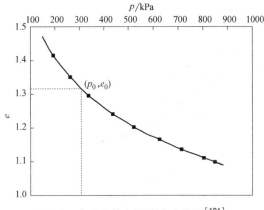

图 5-1 高岭土等向压缩试验结果[191]

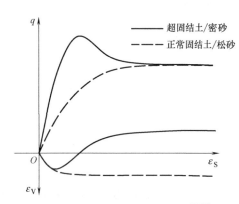

图 5-2 土的三轴试验典型曲线[192]

3. 摩擦性

图 5-3 为 Roscoe[193] 对 Weald 黏土进行三轴试验所得试验结果，从该图中可以看出剪切强度 q 随约束压力 p 的增加而增加，此为土体的摩擦性。

4. 应力历史依存性

图 5-4 为 Schofield 和 Wroth[194] 提供的超固结土的等向加载—卸载—再加载的三轴试验结果，从图中可以看出，不同应力历史的超固结土的孔隙比变化趋势不同，也即土体所经历的不同应力历史对土体当前的力学行为有着明显的影响。

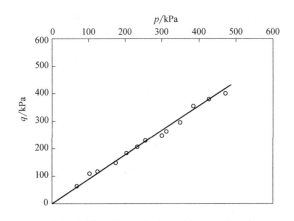

图 5-3 Weald 黏土的三轴剪切强度试验结果[193]

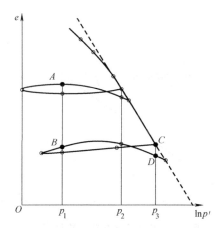

图 5-4 超固结土等向压缩试验结果[194]

5. 应力路径依存性

Atkinson 等[195]采用应力控制式三轴试验对不同应力路径对 London 黏土剪切刚度的影响进行研究,图 5-5a 表述了试验过程中的四种不同的应力路径,即 *AOX*、*BOX*、*COX*、*DOX*,由图 5-5b 可知,随着应变的增大,London 黏土的剪切强度不断减小,其中当土体应力路径方向旋转 180°时(*DOX*),London 黏土的剪切强度最大;当土体应力路径方向旋转 90°时(*AOX*、*COX*),London 黏土的剪切强度次之;当土体一直为单向加载时,London 黏土的剪切强度最小,可见土体所受应力路径对其强度有着显著的影响。

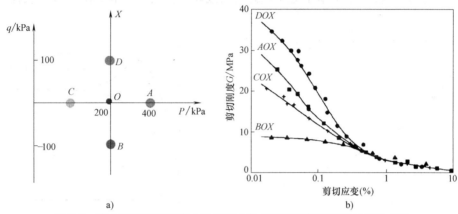

图 5-5 应力路径和不同应力路径下土体剪切刚度与剪应变的关系曲线

a)应力路径 b)不同应力路径下土体剪切强度与剪应变的关系曲线[195]

6. 软化特性

沈珠江[196]根据土体不同的软化机理,将引起土体软化的因素分为三类:剪胀软化、减压软化、损伤软化,如图 5-6 所示为剪胀软化和减压软化的典型应力路径。

7. 各向异性

Matsuoka 等[197]采用三轴试验对由撒砂法得到的试样进行不同方向大主应力的三轴剪切试验,试验结果如图 5-7 所示,图中 θ 为三轴试验中大主应力作用面与土层沉积面之间的夹角,φ 为土体内摩擦角,从图中可知土体的抗剪强度 $\tan\varphi$ 随 θ 的变化而变化。

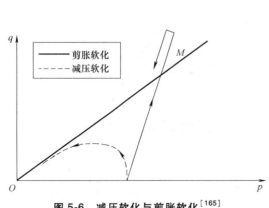

图 5-6 减压软化与剪胀软化[165]

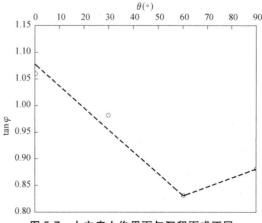

图 5-7 大主应力作用面与沉积面成不同角度的强度试验结果[197]

8. 结构性

为了研究土的结构性对土体力学行为的影响，Yong 等[198]以原状和重塑 Leda 黏土为研究对象，对其进行一维侧限压缩试验，试验结果如图 5-8 所示，当约束压力超过某一值时，原状 Leda 黏土（具有结构性）的孔隙比较之前降低明显，而重塑 Leda 黏土（非结构性）的孔隙比变化基本保持不变，此为土体结构性最直观的表现。

9. 蠕变特性

关于土体固结及蠕变问题，目前学界有两种观点[199]，即将土的固结分为主固结和次固结[200]，另一种观点则认为土体蠕变贯穿于土体的主固结和次固结阶段[201]。如图 5-9 所示，约束压力为 P_A 的 A 点，当约束压力瞬时增加至 P_B 时，土体孔隙比沿着斜率 κ 压缩线变化至 B 点，之后由于土体的蠕变特性，土体孔隙比随着时间的推移而缓慢减小，此为 Bjerrum[201] 对土体蠕变特性的理解。

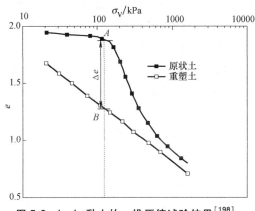

图 5-8 Leda 黏土的一维压缩试验结果[198]

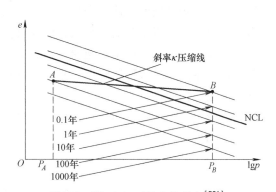

图 5-9 Bjerrum 对流变的考虑[201]

10. 颗粒破碎特性

土颗粒在高约束压力作用下引起的颗粒破碎将影响土体的压硬性，如图 5-10 所示，Toyoura 砂在高围压下的等向压缩曲线 e—$\lg p$ 将不呈直线分布。同时颗粒破碎还将影响土体的摩擦性及剪胀性。

11. 温度特性

如图 5-11 所示为不同温度条件下饱和伊利土等向压缩曲线，从该图中可知，温度的变

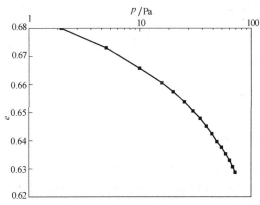

图 5-10 Toyoura 砂于高应力下的等向压缩试验结果[202]

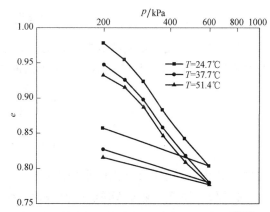

图 5-11 不同温度下饱和伊利土等向压缩曲线[204]

化对土体的压缩系数 κ 和回弹系数 λ 几乎没有影响，但是土体的 e—$\ln p$ 曲线会随着温度的升高而不断下移。Eriksson[203] 通过试验发现，随着温度的升高，超固结土的前期固结压力不断降低。

5.3 盾构隧道施工模拟方法

有限元分析作为一种重要的分析手段，已普遍应用于隧道施工等复杂问题的研究[60,205]。但是传统的用于模拟隧道施工的技术一般采用应力控制模型（FCM），即杀死隧道内土体单元的同时，在隧道表面节点施加与隧道施工前表面土体初始应力状态相同的支撑荷载，然后逐渐衰减所施加的支撑荷载[206]，以此来模拟隧道施工所引起的地层损失率。但是这种建模方法较复杂而且收敛性较差，其模拟的地表沉降槽较现场实测偏浅且其影响范围偏大，也即隧道轴线附近的土体沉降偏小，而距隧道轴线较远处土体沉降较大。虽然这种缺陷可以通过采用高级的土体本构模型来部分弥补[207,208]，但高级土体的本构模型涉及参数较多且难以通过常规土工试验获取，也这限制了其在实际工程中的使用。

本文数值模拟均采用基于地层损失比的位移控制有限单元法（DCM）进行模拟。该方法与离心模型试验模拟隧道施工一样，忽略具体隧道施工过程的影响，但可以准确地模拟任意给定的地层损失比。

对于隧道施工所致土体自由位移场，常采用地层损失比 ε_0 来描述隧道开挖截面的变化，其定义式如下：

$$\varepsilon_0 = \frac{\pi\left(R_T + \dfrac{g_0}{2}\right)^2 - \pi R_T^2}{\pi R_T^2} \times 100\% = \frac{4g_0 R_T + g_0^2}{4R_T^2} \times 100\% \tag{5-1}$$

式中，R_T 为隧道半径；g_0 为隧道开挖断面收缩所致的间隙系数。Loganathan[7] 分析认为间隙参数主要由隧道开挖面与盾构管片等支护结构之间的物理间隙 G_p、隧道施工所致开挖面塑性变形 U_{3D} 及隧道施工中超挖 ω 三部分组成，其表达式如下：

$$g_0 = G_p + U_{3D} + \omega \tag{5-2}$$

在已知地层损失率 ε_0 的情况下，间隙系数表达式如下：

$$g_0 = 2R_T(\sqrt{1+\varepsilon_0} - 1) \tag{5-3}$$

Park[50] 总结大量实测数据后指出，隧道施工后隧道截面顶部收缩量大于底部收缩量，其截面收缩模式如图 5-12 所示，收缩模式的位移表达式如下：

$$u_x^i = -\frac{g_0}{2}(1-\sin\theta)\cos\theta \tag{5-4}$$

$$u_z^i = -\frac{g_0}{2}(1-\sin\theta)\sin\theta \tag{5-5}$$

式中，u_x^i 为隧道边界面 i 点的水平位移；u_z^i 为隧道边界面 i 点的竖向位移。

按照式（5-5）编写 ABAQUS 有限元子程序 DISP，在隧道边界上施加上述位移以模拟隧道的施工过程，图 5-13 为从 ABAQUS 软件中截取的隧道边界施加位移前后变形图。

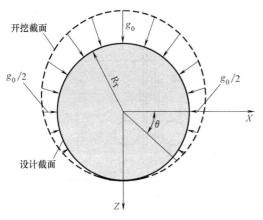

图 5-12 隧道截面位移边界条件

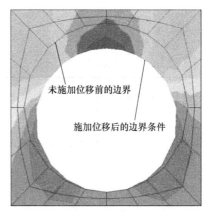

图 5-13 隧道截面施加位移前后变形图

值得注意的是，虽然上述隧道开挖模拟方法与离心模型试验中有所差别，但是其并不影响后续分析所得的主要结论，因为离心模型试验和三维数值模拟中所采用地层损失率均为2%。

5.4 盾构隧道施工对邻近既有桩基影响的三维数值模拟分析

5.4.1 有限元模型尺寸、网格及边界条件

选取的数值模型尺寸与离心模型试验的原型尺寸相同。根据相似准则，离心模型试验尺寸为原型尺寸的1/40，则应用ABAQUS软件在三维空间中创建49.8m×15.2m×30m（X，Y，Z）的长方体为土体的几何模型，有限元模型简图如图5-14和图5-15所示。数值模型尺寸见表5-2。

表 5-2 桩和隧道的数值模型尺寸

项目	数值原型尺寸/m
隧道拱顶至地表距离	14.92
隧道直径	6.08
隧道每段施工尺寸	3.04
隧道总的施工尺寸	15.2
桩的直径	0.8
桩插入地表以下的长度	21
桩与桩之间的距离	2.8
隧道与前桩之间的距离	1.52
承台厚度	0.8
承台宽度	2.4

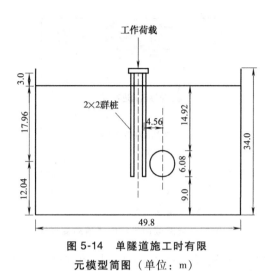

图 5-14 单隧道施工时有限元模型简图（单位：m）

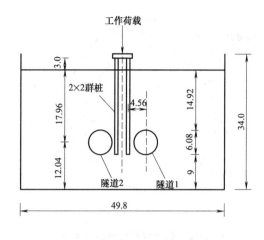

图 5-15 双隧道施工时有限元模型简图（单位：m）

土体和群桩均采用八结点线性六面体单元（C3D8 单元）。模型的边界条件为：模型底部施加水平和竖直方向约束，两侧施加水平方向约束。三维有限元的网格划分见图 5-16。模

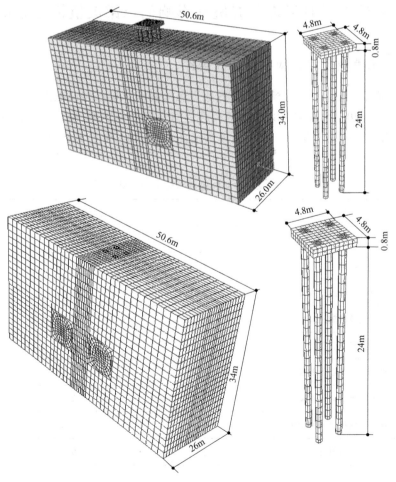

图 5-16 三维有限元模型网格

型边界条件如图5-17所示。

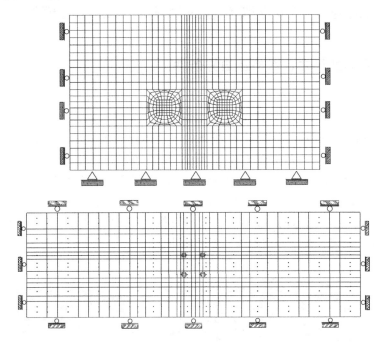

图5-17 模型边界条件

5.4.2 土体本构模型相关参数

有限元模拟中土体的本构模型采用修正剑桥模型（MCC）[194]。MCC模型是采用等向硬化的相关联流动法则建立的一种弹塑性本构模型。群桩采用"wished-in-place"进行模拟，即不考虑桩基施工的影响，相当于实际工程中的钻孔灌注桩。结合离心模型试验结果，采用反演法得到土体本构模型参数见表5-3。

表5-3 土层相关参数

$\gamma/(kN/m^3)$	e_0	K_0	ν	λ	κ	M
1800	0.9	0.68	0.35	0.09	0.015	0.9

5.4.3 有限元模拟步骤

有限元模拟步骤如下：
1）建立有限元模型，设置边界条件，进行地应力平衡。
2）桩顶逐步施加工作荷载至2.4MN，每次施加荷载为160kN。
3）限制隧道边界的位移使其固定于当前位置。
4）按离心模型试验单隧道的施工顺序与长度在每段隧道表面逐步施加预先设定的位移来模拟目标地层损失率，施加位移的同时释放步骤3）所施加的位移限制条件。
5）重复步骤4）直至五段隧道按顺序施工完。

5.5 盾构隧道施工对邻近既有管线影响的三维数值模拟

5.5.1 有限元模型尺寸、网格及边界条件

有限元模型网格宽、高均为离心模型试验所对应原型尺寸，即60m和45m，为进一步消除边界条件对土体及管线变形的影响，模型长度设为120m，如图5-18所示。模型中土体及管线单元均采用C3D8单元模拟，各工况条件下土体及管线单元类型及数目见表5-4。Shi等[209]采用数值模拟方法对基坑施工对下置既有隧道的影响进行了分析，且同时对有限元模型中网格密度对计算结果的影响进行了研究，指出当有限元网格数达到一定数目时，土体网格数增加对计算结果（既有隧道的隆起量）影响较小，但是计算时间却显著增加。经过多次反复试算，表5-4中所取网格数在计算时间可接受范围内能保证计算精度。各模型底部均采用竖向及水平约束，模型四周均采用水平约束。

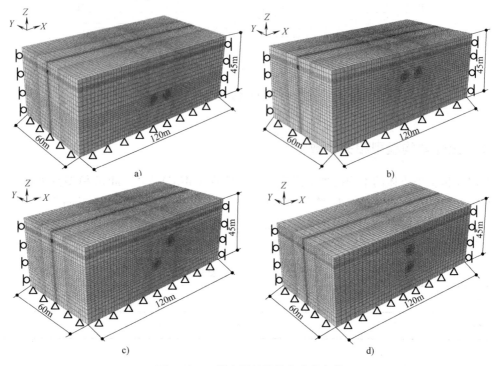

图 5-18 三维有限元网格和边界条件
a) 工况 LL（与试验1相同） b) 工况 UU（与试验2相同）
c) 工况 P（双隧道驮伏式布置） d) 工况 S（双隧道重叠式布置）

表 5-4 有限元单元类型及数目

工况代号	工况说明	土体单元类型	土体单元数目	管线单元类型	管线单元数目
LL	与试验1相同	C3D8	85504	C3D8	8784
UU	与试验2相同	C3D8	94624	C3D8	8784
P	双隧道驮伏式布置	C3D8	103744	C3D8	8784
S	双隧道重叠式布置	C3D8	79648	C3D8	8784

5.5.2 土体本构模型相关参数

隧道施工引起的土体应力的释放将导致邻近管线周围土体产生位移，从而使得管线产生附加位移和附加应力。而管线的附加位移及附加内力的大小将取决于当前工况下的管-土相对刚度，而在涉及土-结构物相互作用问题时，一般均认为结构物的刚度是不变的，而土体的刚度受土体当前应力状态和当前应变大小的影响。所以，为了准确地描述隧道施工过程中的管-土相对刚度，所选用的土体本构模型应能准确地刻画土体的应力相关性及应变相关性。

本文将采用一种亚塑性模型（Hypoplasticity Model，简称 HP 模型）来描述 Toyoura 砂的力学行为。亚塑性模型按照其发展历程可分为四个阶段：亚塑性概念及其基本方程的提出（1985~1992 年）；亚塑性颗粒材料模型的发展阶段（1994~1996 年）；基本的亚塑性模型框架进一步发展阶段（1997~2005 年）；用于描述土体特殊性状的亚塑性模型发展阶段（2005 年~至今），如土的结构性[210]、非饱和土的特性[211]、超固结特性[209]、各向异性[212] 等。

亚塑性这一词由 Dafalias[213] 于 1986 年在一篇描述非线性塑性硬化模型的文章中首次提出。但是该文中所提出的亚塑性的含义与本文中所提亚塑性概念并非一样，本文所提的亚塑性模型，即 HP 模型，其主要于 20 世纪 90 年代由法国格勒诺布尔大学和德国卡尔斯鲁厄大学的学者分别提出，虽然他们的模型研究的目的不一样，但是均采用了相同的基本理论框架。格勒诺布尔大学学者所提出的亚塑性模型主要采用非线性的交叉分析方法来解决与应变局部化现象相关问题。卡尔斯鲁厄大学所提的亚塑性模型主要基于材料的物理力学特性而建立，更加注重模型的实际应用，有着完备的模型参数校准流程，且理论框架相对简明，本文所用模型也是基于此模型发展建立起来的。HP 模型可用于描述颗粒材料的非线性特性[214-218]，其不同于一般的弹塑性本构模型，并非由传统的弹塑性理论发展而来，而是以非线性张量为基础建立，且没有传统弹塑性本构模型中所指的塑性势、流动法则、硬化规律及屈服面，没有将土体的应变分解为弹性应变和塑性应变，但是该模型仍能较好地描述土体的基本特性，特别是对于土体应力水平极低或者极高的工况，更能显示亚塑性模型的优越性。

本文将采用 Von Wolffersdorff[216] 所提出的 HP 模型来描述 Toyoura sand 的力学行为，其中关于临界状态土力学的相关理论在此模型中有所涉及[215]，

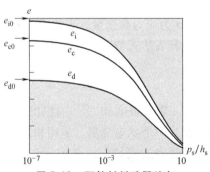

图 5-19 颗粒材料孔隙比与当前应力状态的关系[219]

HP 模型同时也合理地考虑了颗粒材料孔隙比的应力状态相关性（图 5-19），图中 e_i、e_d、e_c 分别为各项等压工况下土体的最大孔隙比、最小孔隙比和临界状态孔隙比，e_{i0}、e_{d0}、e_{c0} 分别为各项无侧限压力下土体的最大孔隙比、最小孔隙比和临界状态孔隙比。

Von Wolffersdorff[216] 所提出的 HP 模型的控制方程：

$$\sigma = L(\sigma, e) : \varepsilon + N(\sigma, e) \| \varepsilon \| \tag{5-6}$$

式中，σ 为应力变化率；ε 为应变变化率；式（5-6）中前半部分 $[L(\sigma,e):\varepsilon]$ 表示应力变化率与应变变化率呈线性关系，后半部分 $[N(\sigma,e)\|\varepsilon\|]$ 表示应力变化率与应变变化率

呈非线性关系。L 为 HP 模型线性部分的四阶刚度矩阵；N 为 HP 模型非线性部分的二阶刚度矩阵。

式（5-6）中 L 的表达式如下：

$$L = f_e f_b (a\mathbf{I} + \boldsymbol{\sigma} \otimes \boldsymbol{\sigma}) \tag{5-7}$$

式中，$\mathbf{I}$ 为四阶单位张量；$\boldsymbol{\sigma}$ 为二阶应力率张量，其表达式为 $\sigma/\mathrm{tr}\sigma$。a 为与土体临界状态有效内摩擦角（φ'_{cr}）相关的材料常数，其表达式如下：

$$a = \frac{\sqrt{3}(3-\sin\varphi'_{cr})}{2\sqrt{2}\sin\varphi'_{cr}} \tag{5-8}$$

式（5-7）中 f_e 的表达式如下：

$$f_e = \left(\frac{e_c}{e}\right)^\beta \tag{5-9}$$

式（5-7）中 f_b 的表达式如下：

$$f_b = \frac{h_s}{n} \frac{1+e_i}{e_i} (1.2)^\beta \left(\frac{3p'}{h_s}\right)^{1-n} \left(\frac{1}{c_1^2}\right) \left[1 + \frac{c_1^2}{3} - \left(\frac{1.2-e_{i0}/e_{c0}}{1.2-e_{i0}/e_{c0}}\right)^\alpha \frac{c_1}{\sqrt{3}}\right]^{-1} \tag{5-10}$$

式中，α 为与土体相对密度相关的峰值摩擦角；β 为与土体相对密度相关的土体刚度；h_s、n 为两个用于曲线拟合的参数；上述 4 个参数在下文将进一步介绍。c_1 为一个与 φ'_{cr} 相关的参数，其表达式如下：

$$c_1 = \sqrt{\frac{3}{8}} \frac{(3-\sin\varphi'_{cr})}{\sin\varphi'_{cr}} \tag{5-11}$$

式（5-6）中二阶刚度矩阵 N 的表达式为：

$$N = f_e f_b f_d (\boldsymbol{\sigma} + \boldsymbol{s}) \tag{5-12}$$

式中，s 为应力偏张量，表达式为 $\boldsymbol{\sigma}-(1/3)\mathbf{I}$，$f_d$ 为一个与 e_c、e_d 和土体当前孔隙比相关的参数，其表达式如下：

$$f_d = \left(\frac{e-e_d}{e_c-e_d}\right)^\alpha \tag{5-13}$$

Von Wolffersdorff[216] 所提出的 HP 模型是基于临界状态土力学框架所建立的，其将孔隙比视为一个状态变量，采用相对孔隙比 r_e 这一概念来考虑孔隙比对土体力学行为的影响，r_e 的计算表达式如下：

$$r_e = \frac{e-e_d}{e_c-e_d} \tag{5-14}$$

$$D_r = \frac{e_c-e}{e_c-e_d} = 1-r_e \tag{5-15}$$

式中，e 为土体某一给定密度时的孔隙比。由式（5-14）和式（5-15）可得土体相对密度与土体相对孔隙比的关系，这就意味着，对于隧道-管-土相互作用问题而言，仅采用一个状态变量 r_e，就可描述当土体相对密度变化时也即孔隙比变化时，隧道施工对既有邻近管线的影响。

上述 HP 模型虽然能够描述重塑颗粒材料的一般力学行为，但是其主要用于描述颗粒材料应力相关性和与颗粒孔隙比相关的力学行为，对于大应变问题而言，该本构模型所确定的土体刚度与土体的当前状态变量和某一确定的应力路径有关,如果将其应用于小应变及土体应力路径变化的相关问题时,Von Wolffersdorff[216] 所提出的 HP 模型得到偏大的土体应变,另外,当该模型用于往复循环荷载问题时,其也将得到偏大的累积塑性应变。为了克服 Von Wolffersdorff[216] 所提出的 HP 模型这一缺点,Niemunis 和 Herle[220] 提出了一种颗粒应变的概念,也即将颗粒与颗粒交界面之间的变形视为一种新的状态变量,并对基本的 HP 模型进行改进。如图 5-20 所示,横、纵坐标分别为水平和竖直方向的应变/应力变化率,当 $\rho_h = 1$ 时(也即图 5-20 中的 B 点,ρ_h 为用于描述土体当前应变与颗粒应变相关的参数;D 为应变变化率张量),且土体当前应变路径与之前相反时,土体的刚度为 $m_R L$,当土体当前应变路径与之前相比旋转 90°时,土体的刚度为 $m_T L$,当土体当前应变路径不变时,土体的刚度为 $(L \pm N)$,当 $\rho_h = 0$ 时(图 5-20 中的 A 点),土体的刚度为 $m_R L$,且此时土体的刚度与当前应变路径无关。m_R 和 m_T 为土体的材料常数,在之后作进一步的阐述。本文之后所提 HP 模型均为考虑土体小应变特性、应力路径相关性、应力历史相关性的 HP 模型。

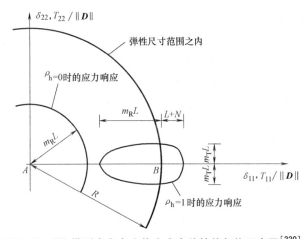

图 5-20 HP 模型中考虑土体小应变特性的包络示意图[220]

在对隧道-管-土相互作用这种复杂应力路径的问题进行有限元模拟时,所用土体本构模型能否合理地考虑土体的应力历史相关性及非线性小应变特性,对模拟结果有着明显的影响[221-224]。Mašín[64] 和 Svoboda 等[225] 曾采用考虑土体小应变特性的 HP 模型,用于模拟单隧道施工对土体位移的影响,结果显示,考虑土体小应变特性的本构模型所得土体位移值与实测结果更为接近。

基本的 HP 模型共有 8 个材料参数,他们分别为 φ'_{cr}、h_s、n、e_{i0}、e_{c0}、e_{d0}、α、β。其中以下 5 个参数可以采用常规固结试验和三轴试验确定:

φ'_{cr}:临界状态有效内摩擦角,可通过砂漏试验获得,也即最大休止角,如图 5-21 所示。当土粒粒径小于 0.1mm 时,因为土体内部的毛细作用,不适于采用砂漏试验来确定 φ'_{cr} 的大小,此时应采用三轴剪切试验确定土体的 φ'_{cr}。

h_s:土体的颗粒硬度,为一个与应力量纲相同的参数,其常作为一个参考压力,且应与单个土粒的硬度区分。此参数用于控制界限孔隙比曲线(图 5-19)的整体斜率。

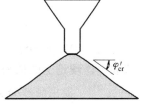

图 5-21 砂漏试验

n：指数参数，用于控制界限孔隙比曲线（图 5-19）的曲率。结合图 5-19，Bauer[226] 给出了 IIP 模型其中 5 个材料参数（h_s、n、e_{i0}、e_{d0}、e_{c0}）之间的关系式如下：

$$\frac{e_i}{e_{i0}} = \frac{e_c}{e_{c0}} = \frac{e_d}{e_{d0}} = \exp\left[-\left(\frac{3p'}{h_s}\right)^n\right] \quad (5-16)$$

上式中 5 个参数可以采用常规固结试验和三轴试验确定。

推荐采用常规固结试验确定 n 值，试验土样需为处于松散状态的砂土，如图 5-22 所示，在固结试验所得压缩曲线的基础上，借助式（5-17）即可确定 n 值：

$$n = \frac{\ln(e_{p1}C_{c2}/e_{p2}C_{c1})}{\ln(p_{s2}/p_{s1})} \quad (5-17)$$

式中，p_{s1}、p_{s2} 为平均应力，可根据 Jaky[177] 提出的方程 $K_0 = 1-\sin\varphi_c$ 得到，e_{p1}、e_{p2} 为 p_{s1}、p_{s2} 所对应的土体孔隙比。

h_s 可采用其与参数 n 之间的关系式如下：

$$h_s = 3p_s\left(\frac{ne_p}{C_c}\right)^{1/n} \quad (5-18)$$

式中，C_c 为固结试验所得的土体压缩指数，p_s 和 e_p 为 p_{s1}、p_{s2} 区间内的平均应力和平均孔隙比。另外，参数 h_s 和 n 也可采用王洪波等[227] 推荐的改进方法进行确定。

e_{c0}、e_{d0}、e_{i0} 为与土体密度相关的 3 个参数，其中 e_{c0} 用于确定 e—$\ln p$ 曲线中的临界状态线（CSL）的位置，其与 h_s 的关系式如下：

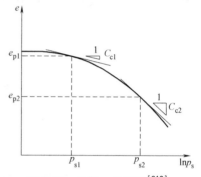

图 5-22 参数 n 的确定[219]

$$e_{c0} = e_c \exp\left[-\left(\frac{3p}{h_s}\right)^n\right] \quad (5-19)$$

常采用三轴不排水剪切试验确定参数 e_c，同时确定参数 e_{c0}，或者采用 Herle 和 Gudehus[219] 提出的经验关系式，即式（5-20）来确定参数 e_{c0}。

$$e_{c0} = e_{max} \quad (5-20)$$

式中，e_{max} 为土体松散状态的最大孔隙比，其可通过将砂土按一定高度撒入一定体积的模具来确定，撒砂时应确保砂土颗粒之间尽量保持彼此分离。

e_{d0} 可通过一定围压下的小幅度的循环剪切试验确定，或者采用 Herle 和 Gudehus[219] 提出的经验关系式，即式（5-21）或式（5-22）确定。

$$e_{d0} = e_{min} \quad (5-21)$$

$$e_{d0} = 0.5e_{c0} \quad (5-22)$$

e_{i0} 用于确定 e—$\ln p$ 曲线中的各向等压固结线（NCL）的位置，对于给定的平均应力，e_{i0} 代表土体理论上的最松散的状态。实际应用中较难通过试验确定 e_{i0}，通常采用 Herle 和 Gudehus[219] 提出的经验关系式，即式（5-23）确定。

$$e_{i0} = 1.2e_{c0} \quad (5-23)$$

除以上 6 个参数之外 α 为与土体相对密度相关的峰值摩擦角控制参数，α 越大则土体的体积膨胀效应越明显；β 为与土体相对密度相关的土体刚度控制参数，β 越大则土体的刚度越大。

上述两个参数可采用三轴排水剪切试验的方法确定，参数 α 可采用其与峰值摩擦角 φ'_p、临界摩擦角 φ'_{cr}、土体相对孔隙比 r_e 之间的关系确定，参数 β 可采用对三轴排水试验所得的土体抗剪强度曲线进行拟合得到。上述两个参数也可采用有限元软件对三轴试验进行模拟，并将试验结果与模拟结果进行对比拟合得到，如采用 ABAQUS 软件或者采用 PLAXIS 3D 软件的"Soil Test"功能得到。

为了考虑土体的小应变特性，Niemunis 和 Herle[220] 在基本 HP 模型的基础上引进 5 个材料参数，如下：

1) m_R：用于控制土体初始刚度也即小应变范围内的刚度，同时也用于控制土体当前应力路径对比之前旋转 180°时的土体刚度。

2) m_T：用于控制土体当前应力路径对比之前旋转 90°时的土体刚度。

3) R：控制弹性区域的大小。

4) β_r 和 χ：控制土体刚度的衰减速率。

上述 5 个参数可通过三轴排水剪切试验，同时对由弯曲元或局部应变测试手段所得结果进行拟合，并通过有限元软件，如采用 ABAQUS 软件或者采用 PLAXIS 3D 软件的"Soil Test"功能，将模拟结果和拟合结果进行对比来确定。

本文所用 HP 模型的特性总汇见表 5-5。

表 5-5 HP 模型特性汇总

特性	基本特性		
分类	压硬性	剪缩性/剪胀性	摩擦性
状态	能	能/能	能
特性	亚基本特性						
分类	应力历史依存性	应力路径依存性	软化特性	各向异性	结构性	蠕变特性	颗粒破碎特性	温度特性
状态	能	能	能	否	否	否	否	否

5.5.3 有限元模拟步骤

有限元模拟双隧道施工过程与相应离心模型试验相同。共分为 5 步，其具体过程如下：

1) 建立基本的有限元模型，设置边界条件并进行地应力平衡（$K_0 = 0.5$）。

2) 与试验过程相同，即不考虑管线施工过程的影响，采用"wished-in-place"的方法激活管线。

3) 限制预开挖隧道段前方掌子面的水平位移，同时杀死此段隧道内土体，并于隧道表面施加预设边界条件。

4) 分 6 步施工，重复 3) 过程，直至第一个隧道施工完成。

5) 重复 3) 和 4)，直至第二个隧道施工完成。

第 6 章

地铁单隧道施工对邻近既有桩基的影响分析

6.1 引言

本章首先对第 3 章中所述的单隧道开挖对邻近既有桩基影响的离心模型试验结果进行分析，并将其结果与第 5 章所述数值模拟方法进行对比，以验证采用有限单元法研究隧道-桩-土相互作用问题的可靠性。在此基础之上，对不同单隧道工况下不同桩-隧相对位置等几种拓展工况开展系统研究，以期揭示不同埋深单隧道施工所致地表沉降、既有桩基附加变形、附加轴力和附加弯矩的变化规律。

6.2 数值模拟方案

Jacobsz 等[30] 提出的隧道施工主要影响区域的 C_T/D_T（隧道拱顶至地表距离/隧道直径）为 3.7，因此本章将选取图 6-1 中隧道不同埋置深度的四种设计方案，根据图 6-1b、c、

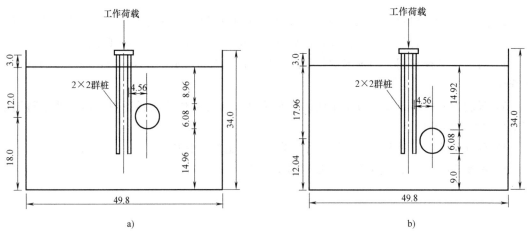

图 6-1 单隧道施工时有限元模型方案几何尺寸（单位：m）
a）方案 1　b）方案 2

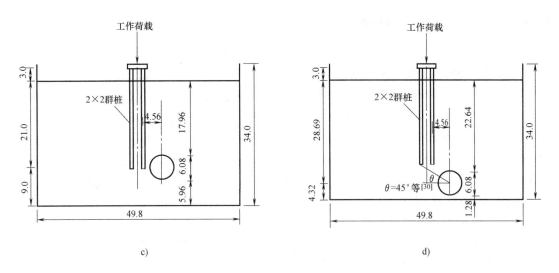

图 6-1 单隧道施工时有限元模型方案几何尺寸（单位：m）（续）

c）方案 3 d）方案 4

d 建立有限元模型，土体所选取的计算参数、实体单元、边界条件及模型步骤均同 5.3 节中所采用的土体计算参数、实体单元、边界条件及模型步骤。

6.3 单隧道施工对邻近既有桩基影响的三维离心模型试验结果

6.3.1 对地表沉降的影响

图 6-2 所示为隧道五步施工引起的地表竖向沉降。由图 6-2 可知，地表竖向沉降随隧道每步的施工而逐渐增大。隧道施工完成后，最大沉降出现在隧道中心线处，最大值为 18.0mm，且沉降槽按正态曲线分布。在距离隧道中心线 2 倍直径处，地表竖向沉降值均在 6.5mm 左右，受到的影响较小。

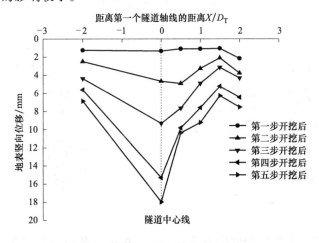

图 6-2 隧道施工引起的地表竖向沉降

6.3.2 对桩基附加变形的影响

图 6-3 所示为隧道五步施工引起的桩顶附加竖向沉降。由图 6-3 可知，桩顶竖向沉降随隧道每步的开挖而逐渐增加。隧道施工完成后，桩顶最大沉降在 LP4 处测得，且 LP2 的桩顶竖向沉降最小，主要是因为隧道施工使前桩桩底应力松弛，承载力降低，致使前桩桩顶有着更大的沉降而导致承台向隧道施工一侧倾斜。此外，隧道施工到 $1.25D_T$ 以后，桩顶竖向沉降值仍增加较大，甚至比 $Ng^{[103]}$ 和 $Lee^{[104]}$ 通过数值模拟得到的 $1D_T$ 影响区域更大，这主要是因为隧道的分步施工使其具有一定的长期影响。$Ran^{[112]}$ 也通过离心试验得出地基在隧道施工完成一定时间内仍会有明显沉降的结论。

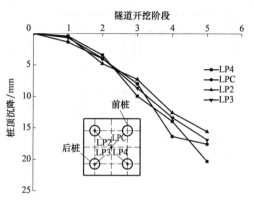

图 6-3 隧道施工引起的桩顶附加竖向沉降

6.3.3 对桩基附加轴力的影响

在此规定以桩身受压为正，如图 6-4 所示为隧道不同施工阶段的前桩附加轴力。由图 6-4 可知，桩身附加轴力随着隧道每步施工而增大直至第五步减小，且每步施工产生的最大附加轴力均在隧道轴线附近，在隧道轴线以下，附加轴力随着深度的增加而减小。主要是因为隧道施工导致轴线以上土体松弛，桩周土的沉降大于桩身沉降，桩身受拉，桩侧摩阻力为负摩阻力，隧道轴线以下的土体由于隧道的施工而回弹，此时的桩侧摩阻力为正摩阻力，附加轴力减小。

图 6-5 所示为隧道不同施工阶段的后桩附加轴力。由图 6-5 可知，后桩附加轴力与前桩类似，但后桩附加轴力直至第五步还在增大，且相对前桩产生的附加轴力，后桩的附加轴力要小于前桩的，主要也是因为前桩的存在产生遮拦作用。与前桩对比不同的是，后桩桩身附加轴力最大值是在接近桩顶处，为 120kN，并且附加轴力随桩身埋深的增加而减小。

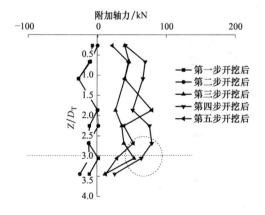

图 6-4 隧道不同施工阶段的前桩附加轴力

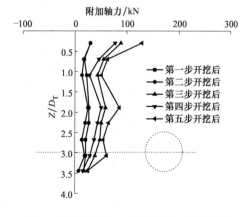

图 6-5 隧道不同施工阶段的后桩附加轴力

6.3.4 对桩基附加弯矩的影响

在此规定以临近隧道一侧桩身受拉为正,如图 6-6 所示为隧道不同施工阶段的前桩附加弯矩。由图 6-6 可知,在隧道五步施工中,桩身上部产生负弯矩,桩身下部产生正弯矩,且产生的弯矩最大值在隧道轴线附近,其值为 202.6kN·m。主要是因为隧道的施工使其四周的土体应力松弛,对桩身水平挤压所致。从桩端到隧道拱冠可近视为两端简支的连系梁,在连系梁两端弯矩近似为 0,在隧道轴线附近达到最大值。

图 6-7 所示为隧道不同施工阶段的后桩附加弯矩。由图 6-7 可知,在隧道五步施工中,桩身上部没有产生明显的弯矩,下部产生正弯矩。随着隧道的每步开挖,桩身下部弯矩逐渐增大,且最大值为 58.2kN·m,明显小于前桩,主要是由于前桩的存在产生遮挡作用,使后桩所受到的影响变小。

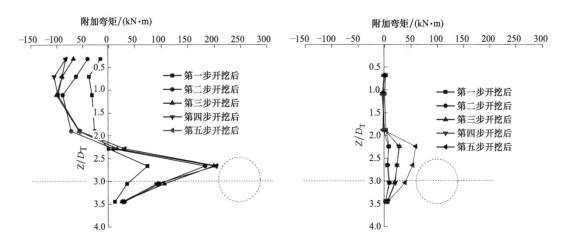

图 6-6　隧道不同施工阶段的前桩附加弯矩　　图 6-7　隧道不同施工阶段的后桩附加弯矩

6.4　单隧道施工数值模拟与离心模型试验结果对比分析

由图 6-8 可知,数值模拟计算得到结果,无论是地表竖向沉降、桩顶竖向沉降、桩身弯矩还是桩身轴力,均与离心模型试验的结果规律类似。由图 6-8a 可知,地表竖向沉降均随隧道施工的进行而逐渐增加,且均在隧道轴线处地表竖向沉降最大;由图 6-8b 可知,桩顶竖向沉降随隧道的施工增加,隧道施工过程中,承台逐渐向隧道一侧倾斜;比较图 6-8c、d 可知,附加弯矩在数值模拟结果与离心试验结果中有较好的一致性,均在隧道轴线附近取得最大值,桩身反弯点的位置相同,且前桩的附加弯矩大于后桩附加弯矩,存在明显的遮挡效应;比较图 6-8e、f 可知,隧道施工完成后,桩身附加轴力均为正值,且前桩附加轴力大于后桩的附加轴力。综上,通过 ABAQUS 建立的有限元模型的计算结果与离心模型试验结果的对比表明,所述的有限单元法可用于隧道-桩-土相互作用问题的研究。

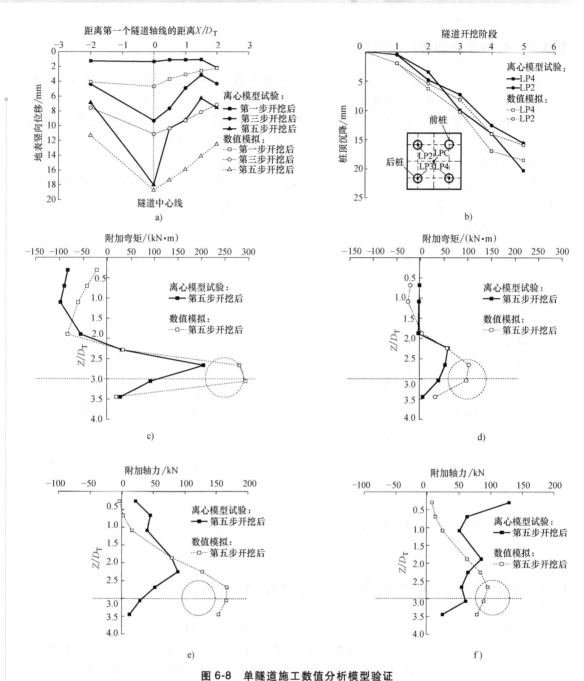

图 6-8 单隧道施工数值分析模型验证

a) 地表竖向沉降 b) 桩顶竖向沉降 c) 前桩附加弯矩 d) 后桩附加弯矩 e) 前桩附加轴力 f) 后桩附加轴力

6.5 不同埋深单隧道施工对邻近桩基的影响分析

6.5.1 对地表沉降的影响

图 6-9 所示为隧道在不同埋深时施工引起的地表竖向沉降。从图 6-9 可以看出：隧道在

不同埋深时施工引起的地表竖向沉降影响规律相似,均表现为地表沉降随隧道施工的进行而逐渐增大,且在隧道中心的正上方地表沉降值最大,地表沉降槽曲线相似。

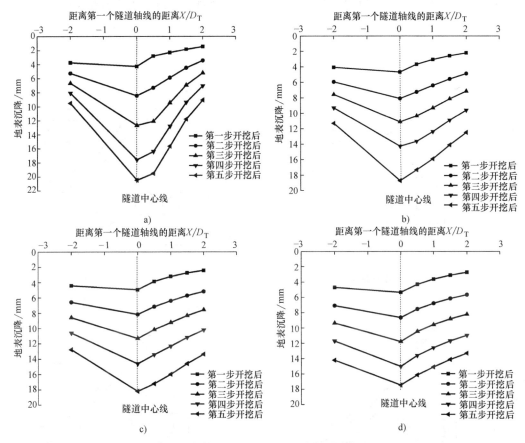

图 6-9　隧道在不同埋深时施工引起的地表竖向沉降
a) 方案 1 地表竖向沉降　b) 方案 2 地表竖向沉降　c) 方案 3 地表竖向沉降　d) 方案 4 地表竖向沉降

图 6-10 所示为隧道施工完成后地表竖向沉降计算结果对比。从图 6-10 可以看出:隧道施工完成后,方案 4 的地表竖向沉降最大,方案 1 的最小,表现为隧道埋深越浅,隧道中心正上方的地表沉降越大。由该图还可得出,隧道埋深越深,对地表沉降的影响范围越大的结论。

6.5.2　对桩基附加变形的影响

1. 桩顶竖向沉降

图 6-11 所示为隧道在不同埋深时施工引起的桩顶竖向沉降。从图 6-11 可以看出:隧道在不同埋深时施工引起的桩顶竖向沉降影响规律类似,表现为桩顶沉降均随隧道的施工而增加,隧道施工过程中,前排桩取得的桩顶竖向

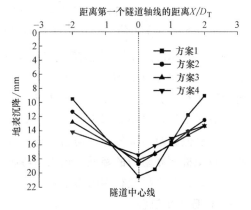

图 6-10　隧道施工完成后地表竖向沉降计算结果对比

沉降值最大,后排桩桩顶竖向沉降最小,承台向隧道施工一侧倾斜,桩基内力会发生重新分布。以上结果表明,在既有群桩附近施工隧道时,要做好对既有群桩的提前加固和隧道施工时的桩基监测。否则,隧道的施工会产生桩顶建筑的倾斜、开裂,从而影响既有建筑的正常使用。

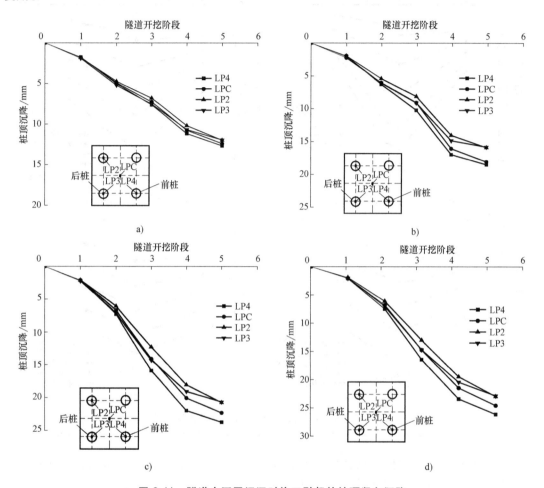

图 6-11　隧道在不同埋深时施工引起的桩顶竖向沉降
a) 方案 1 桩顶竖向沉降　b) 方案 2 桩顶竖向沉降　c) 方案 3 桩顶竖向沉降　d) 方案 4 桩顶竖向沉降

图 6-12 所示为不同方案隧道施工引起的群桩桩顶竖向沉降计算结果对比。从图 6-12 可以看出:群桩桩顶沉降均表现为方案 4 最大,其次为方案 3、方案 2,方案 1 最小,且方案 4 的桩顶沉降约为方案 1 桩顶沉降的 2 倍。由此可得到:隧道埋深越深,桩顶竖向沉降越大的结论。方案 1 沉降最小是因为此方案中隧道位于桩身中部,隧道的施工引起隧道围岩土体松动,使得桩侧摩阻力降低,从而引起群桩的沉降,而在方案 2、方案 3 和方案 4 中,隧道施工不仅致使桩测摩阻力的降低,还因为隧道离桩端较其他工况近,隧道施工同时引起群桩桩端土体松动,从而导致桩端阻力下降。

2. 桩身水平位移

图 6-13 所示为不同方案隧道施工完成后桩身水平位移对比。从图 6-13 可以看出:方案 1 中桩身整体表现为上部向隧道一侧发生倾斜和挠曲,方案 2 中桩身下部向隧道一侧发生挠

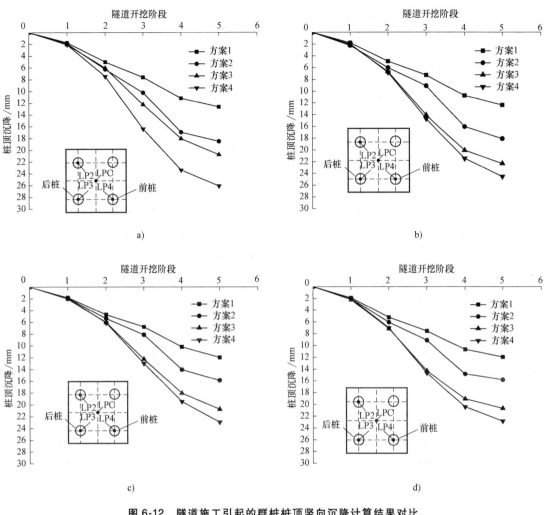

图 6-12 隧道施工引起的群桩桩顶竖向沉降计算结果对比

a) LP4 桩顶竖向沉降 b) LPC 桩顶竖向沉降 c) LP2 桩顶竖向沉降 d) LP3 桩顶竖向沉降

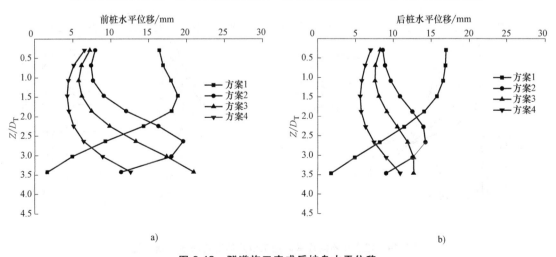

图 6-13 隧道施工完成后桩身水平位移

a) 前桩 b) 后桩

曲，方案 3 和方案 4 中桩身下部向隧道一侧倾斜，但后桩的水平位移明显小于前桩的水平位移，主要是由于前桩的遮拦作用所致。

6.5.3 对桩基附加轴力的影响

图 6-14 和图 6-15 所示为隧道在不同埋深时施工引起的群桩桩身附加轴力的计算结果，在此规定以桩身受压为正，桩身受拉为负。

图 6-14 所示为隧道在不同埋深时施工引起的前桩的附加轴力图。从图 6-14 可以看出，隧道在不同埋深时施工使桩身产生的附加轴力不同，1~4 种方案中，附加轴力较大值依次主要分布在 $(1.0~2.5)D_T$、$(2.2~3.5)D_T$、$(0.5~2.0)D_T$ 和 $(2.2~3.5)D_T$、$(2.3~3.2)D_T$ 的区域范围内，其分布范围与附加弯矩较大值分布区域基本相同。在方案 1 和方案 2 中，隧道施工使前桩产生的附加轴力基本为正值，且在隧道轴线附近达到最大，主要是因为隧道的施工导致隧道轴线以上桩周土相对桩有向下的位移，产生负摩阻力，使得桩身附加轴力在隧道轴线以上沿桩身逐渐增大，而隧道轴线以下桩身部分，由于隧道的施工致使隧道

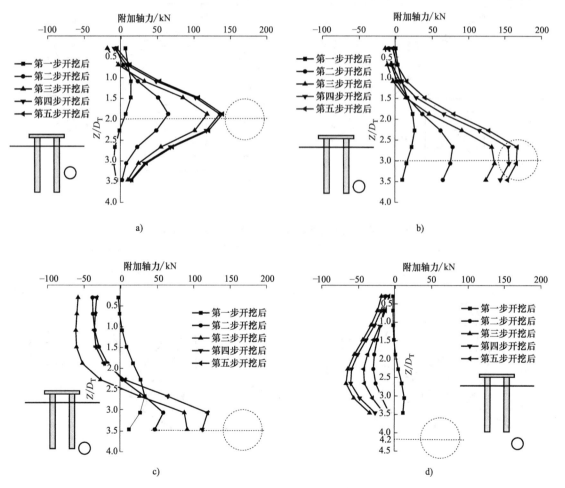

图 6-14　隧道在不同埋深时施工引起的前桩的附加轴力图
a）方案 1 前桩轴力　b）方案 2 前桩轴力　c）方案 3 前桩轴力　d）方案 4 前桩轴力

底部的土体回弹，使桩周土相对桩有向上的位移，产生正摩阻力，使得桩身附加轴力在隧道轴线以下沿桩身逐渐减小。方案3中，前桩桩身上部产生的附加轴力为负值，桩身下部为正值，在 $Z/D_T=3.0$ 附近得到的附加轴力值最大，主要是因为隧道的施工导致桩端应力松弛，阻力降低，前桩的沉降大于桩侧土，以此来激发桩侧摩阻力的产生，表现为正摩阻力，而由于承台的整体作用，致使桩身上部受拉，因此，产生的附加轴力为负值。方案4中，前桩约有94%位于Jacobsz等[30]提出的隧道施工所致的主要影响区域内，产生负的附加轴力，在 $Z/D_T=2.5$ 附近得到的附加轴力值最大。

图6-15所示为不同方案隧道施工完成后前桩的附加轴力对比。由图6-15可知，隧道施工完成后，方案2中前桩的附加轴力增加最大，约增加工作荷载的27.8%（单桩的工作荷载为600kN），而方案4中前桩的附加轴力反而减小，约减小工作荷载的7.2%。

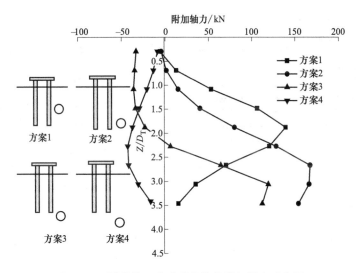

图6-15 隧道施工完成后前桩的附加轴力对比图

图6-16所示为隧道在不同埋深时施工引起的后桩的附加轴力图。从图6-16可以看出，隧道在不同埋深时施工对后桩的附加轴力影响规律不同，方案1中后桩在隧道的前两步施工产生较小的负的附加轴力，第三步施工完后，后桩的附加轴力变为正值，而方案2、方案3和方案4中后桩随着隧道的施工，产生的附加轴力均为正值，但沿桩身分布不同。随着隧道的施工，附加轴力最大绝对值逐渐增大，方案1和方案2在隧道轴线附近达到最大值，方案3和方案4在 $Z/D_T=3.0$ 附近达到最大值，但数值与前桩相比明显减小，主要是因为前桩的存在而产生明显的遮拦效应。

图6-17所示为不同方案隧道施工完成后后桩的附加轴力对比。由图6-17可知，隧道施工完成后，4种方案中后桩的附加轴力均表现为正值，桩身轴力增加，且方案3中后桩的附加轴力增加最大，约增加工作荷载的7.5%（单桩的工作荷载为600kN），方案4中后桩的附加轴力增加较小，仅增加工作荷载的2%。

6.5.4 对桩基附加弯矩的影响

如图6-18～图6-21所示为隧道在不同埋深时施工引起的群桩桩身附加弯矩的计算结果，

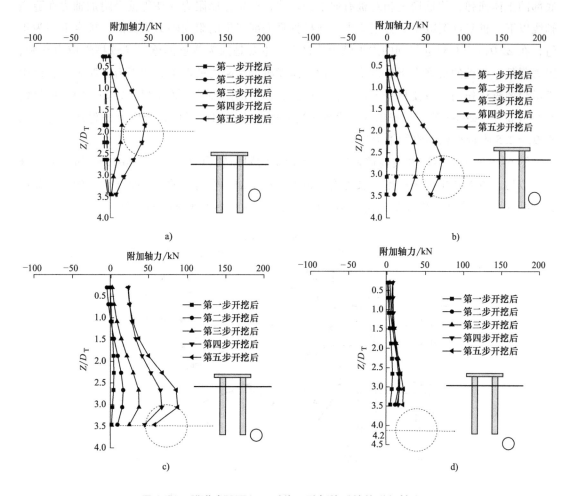

图 6-16　隧道在不同埋深时施工引起的后桩的附加轴力图
a) 方案 1 后桩轴力　b) 方案 2 后桩轴力　c) 方案 3 后桩轴力　d) 方案 4 后桩轴力

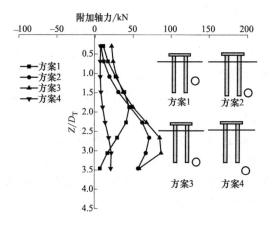

图 6-17　隧道施工完成后后桩的附加轴力对比图

在此规定以桩与隧道临近一侧受拉为正,背离隧道一侧受拉为负。

隧道施工对其邻近既有轴向受荷桩基产生附加弯矩的作用已为相关学者证明[103,148,228,229]。隧道的施工使周围土体向隧道临空面移动,从而导致群桩隧道一侧土体的水平土压力下降,无隧道一侧土体向隧道方向移动,进而挤压桩身,形成不平衡土压力,导致桩身倾斜和挠曲(图 6-13)并受到附加弯矩作用。如图 6-18 所示为隧道在不同埋深时施工引起的前桩的附加弯矩图。从该图可以看出,隧道在不同埋深时施工使桩身产生的附加弯矩截然不同,方案 1~方案 4 中,附加弯矩较大值依次主要分布在 $(1.0 \sim 2.5)D_T$、$(2.2 \sim 3.5)D_T$、$(1.8 \sim 3.0)D_T$、$(2.3 \sim 3.2)D_T$ 的区域范围内。方案 1 和方案 2 中桩身在隧道轴线附近产生的附加弯矩绝对值最大,在隧道拱顶至隧道拱底附近可看作两端铰支的简支梁,隧道轴线附近取得的附加弯矩最大。方案 3 和方案 4 中,附加弯矩最大绝对值位于 $Z/D_T = 2.5$ 附近,从而可将其至桩趾看成悬臂梁,桩趾为自由端,$Z/D_T = 2.5$ 为固定端,取得的附加弯矩值最大。

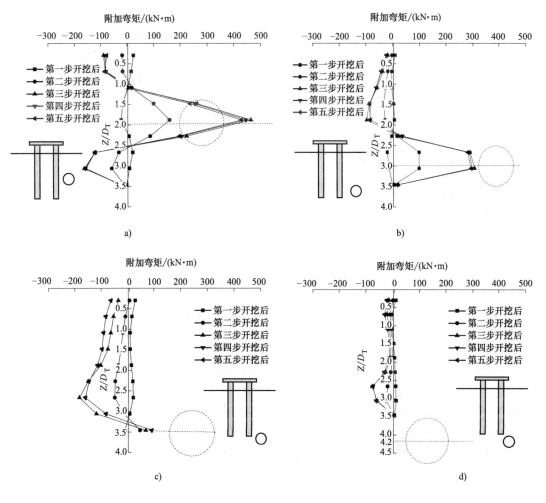

图 6-18 隧道在不同埋深时施工引起的前桩的附加弯矩图
a) 方案 1 b) 方案 2 c) 方案 3 d) 方案 4

图 6-19 所示为不同方案隧道施工完成后前桩的附加弯矩对比。由图 6-19 可知，当隧道底部位于桩端以上时，桩身受到的附加弯矩较大，当隧道底部位于桩端以下时，桩身受到的附加弯矩反而减小。隧道施工完成后，方案 1 中前桩有 2 个反弯点，方案 2 中前桩有 1 个反弯点，方案 3 与方案 4 中前桩均没出现反弯点。

图 6-20 所示为隧道在不同埋深时施工引起的后桩的附加弯矩图。从图 6-20 可以看出，隧道在不同埋深时

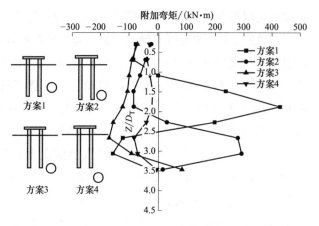

图 6-19 隧道施工完成后前桩的附加弯矩对比图

施工对后桩的影响规律与前桩类似，方案 1 和方案 2 中最大附加弯矩位于隧道轴线附近，方案 3 最大附加弯矩位于隧道拱顶附近，方案 4 在 $Z/D_T = 2.5$ 附近附加弯矩达到最大值，随着

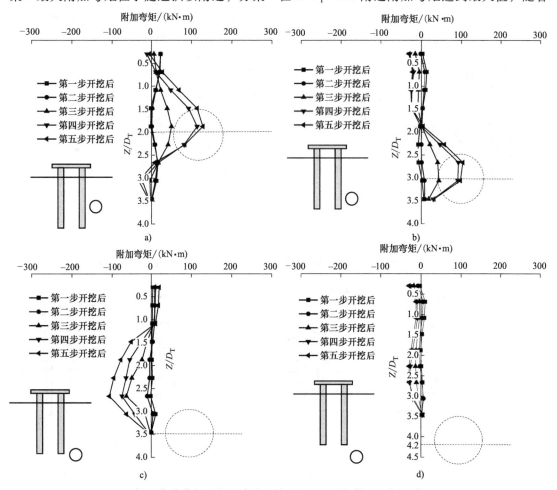

图 6-20 隧道在不同埋深时施工引起的后桩的附加弯矩图
a) 方案 1　b) 方案 2　c) 方案 3　d) 方案 4

隧道的施工，最大附加弯矩逐渐增大，但数值与前桩相比明显减小，主要是因为前桩的存在而产生明显的遮拦效应。

图 6-21 所示为不同方案隧道施工完成后后桩的附加弯矩对比。由图 6-21 可知，当隧道轴线位于桩端以上时，桩身受到的附加弯矩基本相同，当隧道轴线位于桩端以下时，桩身受到的附加弯矩减小。隧道施工完成后，方案 1~方案 3 中后桩各有 1 个反弯点，方案 4 中后桩没有出现反弯点。

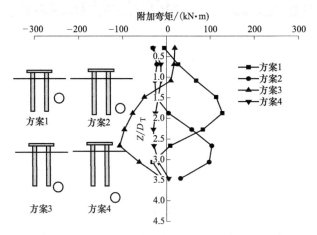

图 6-21　隧道施工完成后后桩的附加弯矩对比图

第 7 章

地铁双隧道施工对邻近既有桩基的影响分析

7.1 引言

本章首先对第 3 章中所述的双隧道开挖对邻近既有桩基影响的离心模型试验结果进行分析,并将其结果与第 5 章所述数值模拟结果进行对比。在此基础之上,对双隧道工况下不同桩-隧相对位置等几种拓展工况开展系统研究,以期揭示不同埋深双隧道施工所致地表沉降、既有桩基附加变形、附加轴力和附加弯矩的变化规律。

7.2 数值模拟方案

本章是在第 6 章单隧道施工对群桩影响研究的基础上研究双隧道施工对群桩影响,因此,本章选取的四种设计方案尺寸与第六章相同,如图 7-1a、b、c、d 所示。根据图 7-1a、

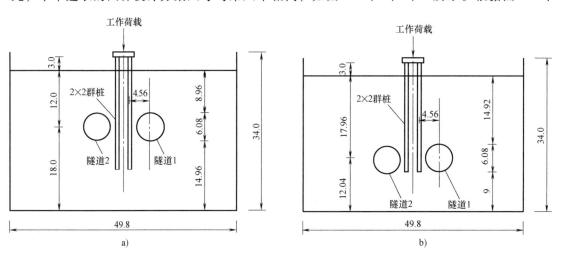

图 7-1 双隧道施工时有限元模型方案几何尺寸(单位:m)
a)方案 1 b)方案 2

第7章 地铁双隧道施工对邻近既有桩基的影响分析

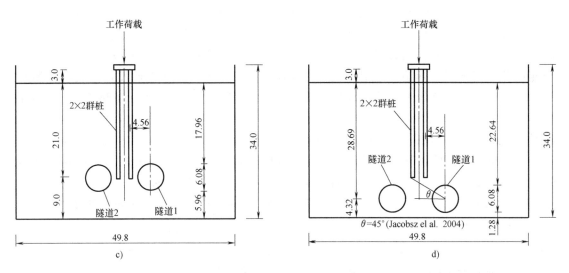

图 7-1 双隧道施工时有限元模型方案几何尺寸（单位：m）（续）
c）方案 3　d）方案 4

b、c、d 建立有限元模型，土体所选取的计算参数、实体单元、边界条件及模型步骤均同 5.3 节中所采用的土体计算参数、实体单元、边界条件及模型步骤。

7.3 双隧道施工对邻近既有桩基影响的三维离心模型试验结果

7.3.1 对地表沉降的影响

图 7-2 所示地表土体竖向位移均随隧道掘进的进行而逐渐增大。试验 1（见图 7-2a）中，第一个隧道开挖完成后，最大沉降发生在隧道 1 轴线处，为 18.9mm，隧道 2 轴线处的地表沉降为 11.2mm，第二个隧道开挖完成后，隧道 1 轴线处地表沉降增长 14.2mm，隧道 2

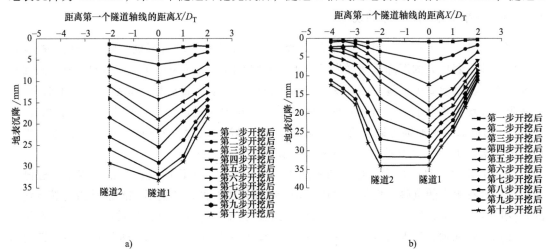

图 7-2 地表土体竖向位移
a）试验 1　b）试验 2

轴线处地表沉降增长 18.0mm，两隧道最终地表沉降值比较接近（隧道 1 为 33.1mm，隧道 2 为 29.2mm），沉降槽基本呈对称分布；试验 2（见图 7-2b）中，第一个隧道开挖完成后，最大沉降仍发生在隧道 1 轴线处，为 20.3mm，隧道 2 轴线处的地表沉降为 11.6mm，第二个隧道开挖完成后，隧道 1 轴线处地表沉降增长 13.5mm，隧道 2 轴线处地表沉降增长 22.4mm，两隧道最终地表沉降值基本相同（隧道 1 为 33.8mm，隧道 2 为 34.0mm）。由此可以看出，试验 2 地表沉降槽要大于试验 1，且沉降槽的分布较试验 1 更为对称，这说明较浅埋深双隧道开挖共同引起的地表沉降要大于深埋隧道的，这与 Peck[5] 的地表沉降公式表述的规律相一致。且浅埋双隧道开挖共同引起的地表沉降与其分别开挖引起的地表沉降叠加更为相近。Addenbrooke[84]、Chapman 等[87] 和 Pang 等[230] 也各自得出当 C_T/D_T（隧道埋深/隧道外径）大于 3.0 时（试验 1 约为 2.9，试验 2 约为 2.5），隧道 2 开挖引起的地表沉降远大于隧道 1 开挖引起的地表沉降大。

7.3.2 对桩基附加变形的影响

如图 7-3 所示两试验的桩顶附加竖向位移均随隧道掘进的进行而近似线性增加；隧道开挖过程中，试验 1 的桩顶沉降均大于试验 2 中相对应的桩顶沉降，这主要是因为试验 1 中隧道位于桩端处，开挖对桩端阻力的影响更明显。这说明位于桩端处的隧道开挖引起桩顶附加沉降较其他工况大。隧道开挖完成后，两组试验中均在群桩后桩桩顶 LP2 处测得的沉降值最大。由此看来，隧道的分段开挖会引起承台的倾斜，相应桩基的内力将发生重分布。

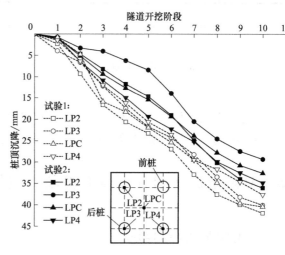

图 7-3 桩顶附加竖向位移

7.3.3 对桩基附加轴力的影响

现以桩身受压为正。如图 7-4a 所示试验 1 中，隧道开挖而引起桩端阻力降低，桩身相对桩侧土体有着更大的沉降从而激发桩侧阻力桩侧摩阻力表现为正摩阻，引起的桩基附加轴力为压力。在试验 2 中，隧道的开挖对桩端阻力影响较小，故桩身沉降小于桩周土的沉降，侧摩阻力表现为负摩阻力，引起的桩基附加轴力为拉力。隧道开挖过程中，两试验均在 $Z/D_T=2.5$ 附近取得附加轴力最大值（试验 1 为 66.52kN，试验 2 为 -116.9kN），试验 2 中附加轴力约增加 19.5%（群桩中每根单桩的工作荷载约为 600kN）。

如图 7-4b 所示两试验中，后桩的附加轴力均为拉力，这说明隧道开挖过程中，桩侧土相对于后桩有更大的沉降，后桩侧摩阻力均为负摩阻力。两试验的后桩附加轴力均随着隧道的开挖而增加，但数值比前桩的要小，这主要是因为前桩存在明显遮拦效应。试验 1 在接近桩顶处达到附加轴力最大值（为 -68.7kN），试验 2 在 $Z/D_T=3.0$ 附近达到附加轴力最大值（为 -35.9kN），试验 1 中的附加轴力约增加 11.5%（单桩工作荷载约 600kN）。

从图 7-4 可以看出，当第一个隧道位于桩端处时，开挖引起的邻近桩基前桩的附加轴力为压力，后桩的附加轴力为拉力。当第一个隧道位于桩端上方时，开挖引起的邻近桩基附加轴力均为拉力。

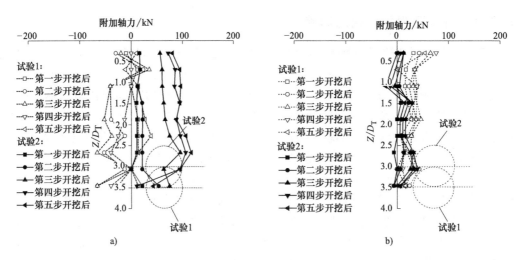

图 7-4 隧道 1 开挖引起的桩身附加轴力
a）前桩 b）后桩

如图 7-5a 所示在第二个隧道开挖过程中，试验 1 和试验 2 中前桩都承受了的附加拉力，均在 $Z/D_T = 2.5$ 附近达到最大值，但试验 1 引起的最大桩身附加轴力（53.2kN）远小于试验 2 最大桩身附加轴力（191.6kN），试验 2 中附加轴力最大值约增加 31.9%（单桩工作荷载约 600kN）。

如图 7-5b 所示第二个隧道开挖时，后桩的受力模式与第一个隧道开挖引起前桩附加轴力的受力模式相同。隧道开挖过程中，试验 1 在接近桩顶处达到附加轴力最大值（58.9kN），试验 2 在 $Z/D_T = 3.0$ 附近达到附加轴力最大值（53.8kN），其中试验 1 的最大附加轴力约增加 10%（单桩工作荷载约 600kN）。

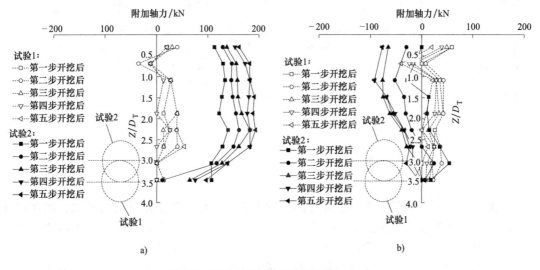

图 7-5 隧道 2 开挖完成后桩身附加轴力
a）前桩 b）后桩

从图 7-5 可以看出，双隧道开挖完成后，隧道位于桩端上方时，开挖引起的邻近桩基的附加轴力都要比隧道位于桩端时的大，且都为拉力，对桩基受力较为不利。

7.3.4 对桩基附加弯矩的影响

现以桩与隧道 1 临近一侧受拉的弯矩为正。如图 7-6a 所示试验 1 中第一个隧道开挖后，前排桩体没有出现反弯点，桩身附加弯矩均为负值，最大负弯矩位于 Z/D_T（应变片埋深/隧道直径）= 2.5 附近（为 -232.0kN·m），主要是因为隧道开挖引起桩趾附近右侧土体应力松弛，桩身从桩趾至隧道拱顶部分可看成一个悬臂结构，在桩趾处为自由端，隧道拱顶附近的弯矩达到最大值。试验 2 中出现 2 个反弯点，弯矩最大绝对值位于隧道轴线 Z/D_T = 3.0 附近（为 215.9kN·m），主要是因为隧道掘进引起其周边土体松弛，进而对桩身产生水平挤压作用，桩趾至拱冠可近似为两端嵌固的连系梁，在隧道轴线附近弯矩达到最大值。

如图 7-6b 所示隧道开挖过程中，两试验均在桩身上半部没有明显的弯矩出现，桩身下半部，试验 1 中弯矩主要表现为负弯矩，最大值位于 Z/D_T = 2.5 附近（为 -167.0kN·m），试验 2 中弯矩主要表现为正弯矩，位于 Z/D_T = 3.0 处（为 86.0kN·m）。随着第一个隧道开挖的进行，试验 1 和试验 2 最大弯矩均增大。以上规律与前桩类似，但数值明显比前桩小，这是因为前桩存在明显的遮挡效应。

从图 7-6 可以看出，隧道位于桩端处时，开挖引起的邻近桩基受力表现为悬臂梁模式，位于桩端上方的隧道，开挖引起的邻近桩基受力则表现为两端固支的连系梁模式。桩端离隧道越近，受开挖的影响越明显，且前桩存在明显的遮拦效应。

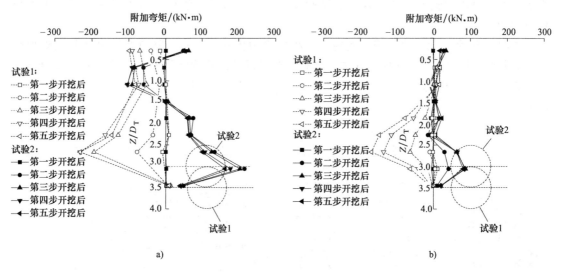

图 7-6 隧道 1 开挖引起的桩身附加弯矩
a）前桩　b）后桩

如图 7-7a 所示随着第二个隧道开挖的进行而引起群桩左侧土体的应力松弛，因此桩身下部附加弯矩逐渐减少；隧道开挖过程中，试验 1 中最大附加弯矩仍位于 Z/D_T = 2.5 附近（为 -239.2kN·m），试验 2 中位于 Z/D_T = 1.0 附近处（为 -114.1kN·m）。

如图 7-7b 所示随着第二个隧道的开挖，试验 1 中桩体出现 1 个反弯点，试验 2 中桩体出现 2 个反弯点，出现了明显的负弯矩；隧道开挖过程中，试验 1 中最大弯矩位于 Z/D_T =

2.5附近（为-167.8kN·m），试验2中桩的最大弯矩位于$Z/D_T=3.0$处（为-204.2kN·m）。对比图7-6可知，在试验2中，第二个隧道开挖对后桩的弯矩分布影响更明显，不仅弯矩方向发生变化，最大值数值也明显增大（由86.0kN·m变为204.2kN·m）。

从图7-7可以看出，双隧道开挖完成后，隧道位于桩端时，群桩受隧道开挖的影响较隧道位于桩端上方时更为明显。

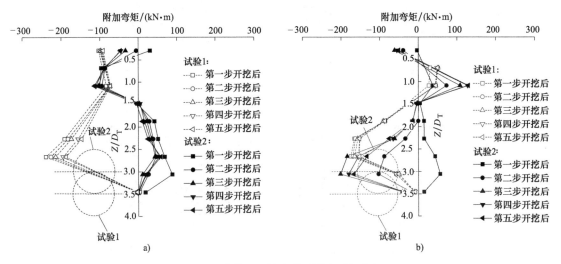

图7-7 隧道2开挖完成后桩身附加弯矩
a）前桩 b）后桩

7.4 双隧道施工数值模拟与离心模型试验结果对比分析

如图7-8所示无论是地表竖向沉降、桩顶竖向沉降、桩身附加弯矩还是附加轴力，数值模拟计算得到结果均与离心模型试验结果规律类似，有较好的一致性。如图7-8a所示，隧道1施工完成后，地表竖向沉降在隧道1轴线处取得的地表竖向沉降最大，双隧道施工完成后，地表竖向沉降在两隧道中心线处取得的地表沉降值接近，且为最大值；如图7-8b所示

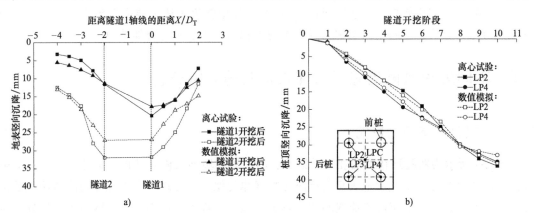

图7-8 双隧道施工数值分析模型验证
a）地表竖向沉降 b）桩顶竖向沉降

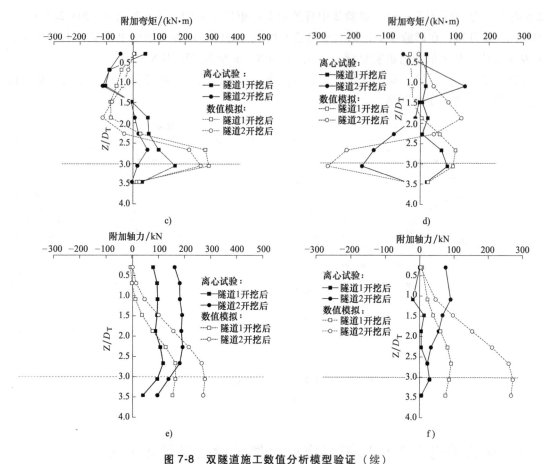

图 7-8 双隧道施工数值分析模型验证（续）

c) 前桩附加弯矩　d) 后桩附加弯矩　e) 前桩附加轴力　f) 后桩附加轴力

桩顶竖向沉降随隧道的施工逐渐增加，隧道 1 施工完成后，承台向隧道 1 一侧倾斜，随着第二个隧道的施工，承台逐渐向隧道 2 一侧倾斜；比较图 7-8c、d 可知，无论隧道 1 还是隧道 2 施工完成后，前桩附加弯矩均在隧道轴线附近取得弯矩最大值，且前桩的弯矩大于后桩弯矩，存在明显的遮拦效应；比较图 7-8e、f 可知，无论隧道 1 还是隧道 2 施工完成后，桩身附加轴力均为正值，桩身轴力增加，且前桩附加轴力大于后桩的附加轴力。

7.5 不同埋深双隧道施工对邻近桩基的影响分析

7.5.1 对地表沉降的影响

图 7-9 所示为双隧道在不同埋深时施工引起的地表竖向沉降。从图 7-9 可以看出：双隧道在不同埋深时施工引起的地表竖向沉降影响规律类似，均表现为地表沉降随隧道施工的进行而逐渐增大，且地表沉降槽曲线相似。隧道 1 施工过程中，地表沉降在隧道 1 轴线处增量最大，隧道 2 施工过程中，地表沉降在隧道 2 轴线处增量最大，双隧道施工完成后，在双隧道轴线处取得的地表沉降值最大，且两轴线最大值相接近。

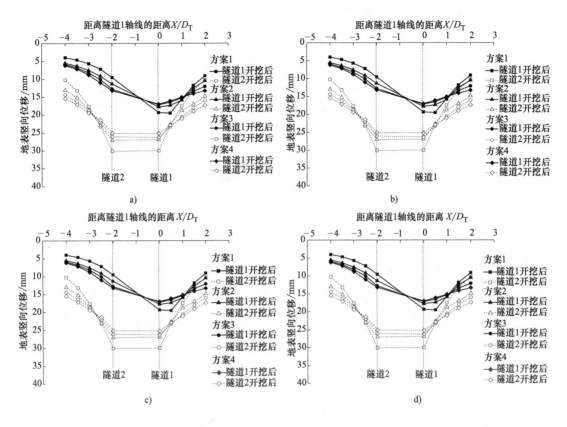

图 7-9 双隧道在不同埋深时施工引起的地表竖向沉降

a) 方案 1 地表竖向沉降 b) 方案 2 地表竖向沉降 c) 方案 3 地表竖向沉降 d) 方案 4 地表竖向沉降

图 7-10 所示为双隧道施工完成后地表竖向沉降计算结果对比。从图 7-10 可以看出：双隧道施工完成后，在双隧道轴线处，方案 4 的地表竖向沉降最大，方案 1 地表竖向沉降最小，由此可知，双隧道埋深越浅，隧道中心正上方的地表沉降越大，这与 Peck[5] 的地表竖向沉降公式所描述的规律相符。

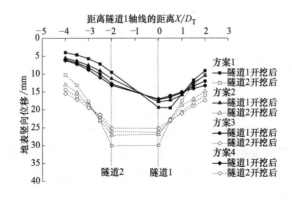

图 7-10 双隧道施工完成后地表竖向沉降计算结果对比

7.5.2 对桩基附加变形的影响

图 7-11 所示为双隧道在不同埋深时施工引起的桩顶竖向沉降。从图 7-11 可以看出：隧道在不同埋深时施工引起的桩顶竖向沉降影响规律相似，表现为桩顶沉降均随隧道的施工而增加。隧道 1 施工过程中，前排桩的桩顶竖向沉降值大于后排桩桩顶竖向沉降，承台向隧道 1 一侧倾斜，随着隧道 2 的施工，承台逐渐向隧道 2 一侧倾斜，双隧道施工完成后，无论隧道埋置深浅，均表现为后排桩的桩顶竖向沉降值大于前排桩桩顶竖向沉降。

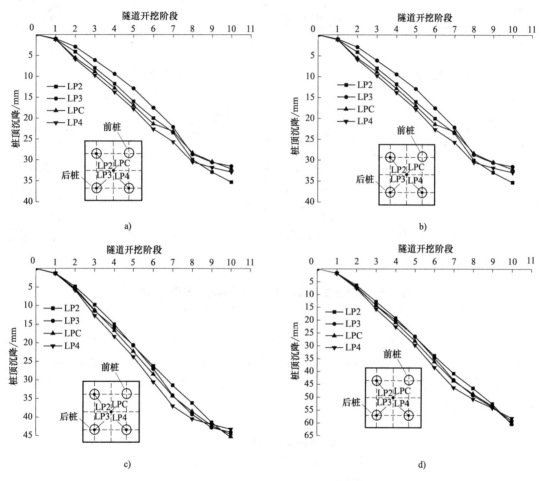

图 7-11 双隧道在不同埋深时施工引起的桩顶竖向沉降
a) 方案 1 桩顶竖向沉降 b) 方案 2 桩顶竖向沉降 c) 方案 3 桩顶竖向沉降 d) 方案 4 桩顶竖向沉降

图 7-12 所示为不同方案隧道施工引起的群桩桩顶竖向沉降计算结果对比。从图 7-12 可以看出：在双隧道施工过程中，群桩桩顶沉降值由大到小的顺序为方案 4、方案 2、方案 3、方案 1，方案 4 的桩顶沉降量约为方案 1 桩顶沉降量的 3 倍。由此可推断得出，隧道埋深越深，桩顶竖向沉降越大。方案 4 桩顶沉降最大和方案 1 桩顶沉降最小的原因与第三章单隧道在不同埋深施工引起不同桩顶竖向沉降量的原因相同。隧道位于桩身中部时（方案 1），隧道的施工仅是引起隧道围岩土体的松动，使得桩侧摩阻力降低，引起群桩的沉降，而在方案 2~方案 4 中，桩的沉降不仅是由隧道的施工引起围岩的扰动致使侧摩阻力降低，还因

为隧道离桩端很近，隧道施工引起群桩桩端土体松动导致桩端阻力下降，且隧道埋深越深，桩端处土体受扰动越大，因此隧道埋深越深，桩顶沉降越大。

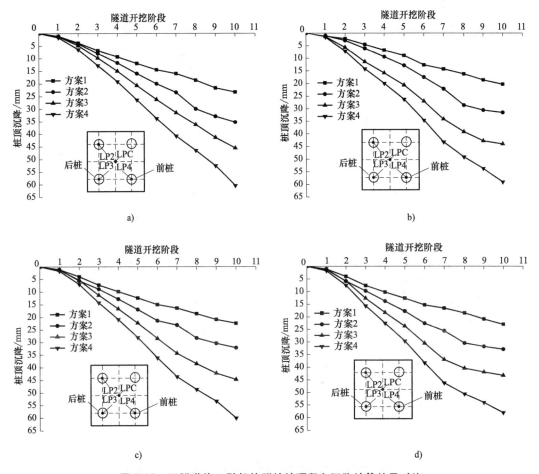

图 7-12　双隧道施工引起的群桩桩顶竖向沉降计算结果对比
a) LP2 桩顶竖向沉降　b) LP3 桩顶竖向沉降　c) LPC 桩顶竖向沉降　d) LP4 桩顶竖向沉降

7.5.3　对桩基附加轴力的影响

图 7-13～图 7-16 为双隧道在不同埋深时施工引起的群桩桩身附加轴力的计算结果，在此规定以桩身受压为正，桩身受拉为负。

图 7-13 所示为双隧道在不同埋深时施工引起的前桩的附加轴力图。从图 7-13 可以看出，随着隧道 2 施工的进行，4 种方案中桩身附加轴力均表现为正值，呈增长趋势，但 4 种方案中桩身附加轴力较大值的影响区域不同，依次主要分布在 $(1.0\sim2.5)D_T$、$(2.2\sim3.5)D_T$、$(0.5\sim2.0)D_T$ 和 $(2.2\sim3.5)D_T$ 范围内，其分布范围与附加弯矩较大值分布区域基本相同。双隧道施工完成后，方案 1 和方案 2 中，隧道 2 的施工使前桩产生的附加轴力在隧道轴线附近达到最大，方案 3 和方案 4 中，附加轴力在 $Z/D_T=3.0$ 附近达到最大。

图 7-14 所示为不同方案双隧道施工完成后前桩的附加轴力对比。由图 7-14 可知，双隧道施工完成后，4 种方案中前桩的附加轴力均表现为正值，桩身轴力增加。当隧道底部与桩

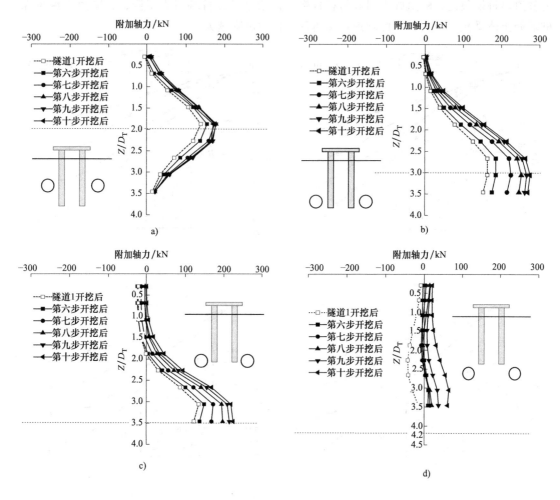

图 7-13 双隧道在不同埋深时施工引起的前桩的附加轴力

a) 方案 1 前桩附加轴力 b) 方案 2 前桩附加轴力 c) 方案 3 前桩附加轴力 d) 方案 4 前桩附加轴力

端齐平时,前桩的附加轴力增加最大,约增加单桩工作荷载的 46.0%(单桩的工作荷载为 600kN),当隧道位于桩端底部时,前桩的附加轴力增加最小,仅约增加单桩工作荷载的 10.0%。

图 7-15 所示为双隧道在不同埋深时施工引起的后桩的附加轴力图。从图 7-15 可以看出,4 种方案中后桩的受力模式相同于隧道 1 施工引起的后桩的受力模式。方案 1 和方案 2 中,隧道 2 的施工使前桩产生的附加轴力在隧道轴线附近达到最大,方案 3 附加轴力在 $Z/D_T = 3.0$ 附近达到最大,方案 4 在 $Z/D_T = 2.5$ 附近达到最大。

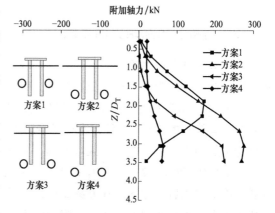

图 7-14 双隧道施工完成后前桩的附加轴力对比

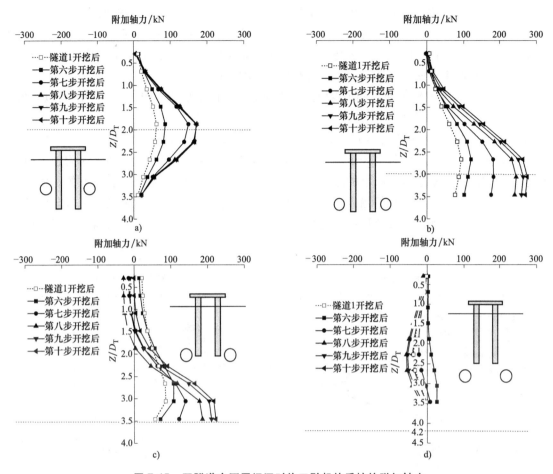

图 7-15 双隧道在不同埋深时施工引起的后桩的附加轴力
a)方案 1 后桩附加轴力 b)方案 2 后桩附加轴力 c)方案 3 后桩附加轴力 d)方案 4 后桩附加轴力

图 7-16 所示为不同方案双隧道施工完成后后桩的附加轴力对比。由图 7-16 可知,双隧道施工完成后,隧道轴线埋深小于等于桩的埋深时,后桩的附加轴力均表现为正值,桩身轴力增加,隧道轴线埋深大于桩的埋深时,后桩所受到的附加轴力为负值,桩身轴力减少。当隧道底部与桩端齐平时,后桩的附加轴力增加最大,约增加工作荷载的 46.0%(单桩的工作荷载为 600kN),当隧道位于桩端底部时附加轴力反而减小,约减小工作荷载的 7.2%。

7.5.4 对桩基附加弯矩的影响

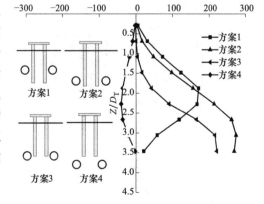

图 7-16 双隧道施工完成后后桩的附加轴力对比

图 7-17~图 7-21 为双隧道在不同埋深时施工引起的群桩桩身附加弯矩的计算结果,在此规定以桩与隧道临近一侧受拉为正,背离隧道一侧受拉为负。

双隧道的先后施工会使隧道周围的土体向隧道方向发生沉降和侧向移动，使桩身两侧产生不平衡的土压力，从而导致桩身产生剪应力引起桩身的附加弯矩。本章双隧道施工中，隧道 1 的施工使桩身产生附加弯矩的变形规律与第 3 章单隧道施工引起群桩的附加弯矩相同，因此，本章在此主要研究隧道 2 的施工对群桩的影响分析。

图 7-17 所示为双隧道在不同埋深时施工引起的前桩的附加弯矩图。从图 7-17 可以看出，方案 1～方案 4 中，前桩附加弯矩的分布形状受隧道相对埋深影响很大，附加弯矩较大值分布区域不同，依次主要分布在 $(1.0 \sim 2.5)D_T$、$(2.2 \sim 3.5)D_T$、$(1.8 \sim 3.0)D_T$、$(2.3 \sim 3.2)D_T$ 范围内。隧道 2 的施工使桩身产生附加弯矩的变形规律与隧道 1 施工使前桩产生附加弯矩的变形规律相同，只是数值有减小的趋势。主要是因为隧道 2 的施工会引起群桩左侧土体的松弛，因此，附加弯矩有减小的趋势。方案 1 和方案 2 中，从隧道拱顶到隧道拱底部分桩身向隧道一侧弯曲，其他部分背离隧道一侧弯曲，方案 3 和方案 4 中，前桩沿桩身均背离隧道一侧弯曲。

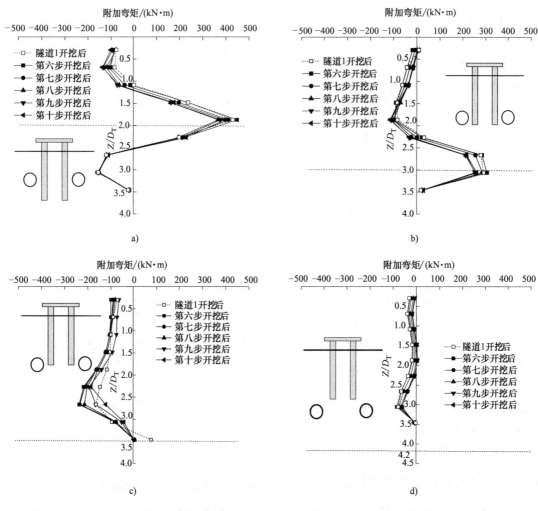

图 7-17 双隧道在不同埋深时施工引起的前桩的附加弯矩
a) 方案 1　b) 方案 2　c) 方案 3　d) 方案 4

图 7-18 所示为不同方案双隧道施工完成后前桩的附加弯矩对比。由图 7-18 可知，双隧道施工完成后，隧道底部位于桩端以上时，前桩受隧道施工的影响较隧道底部位于桩端以下时更为明显。

图 7-19 所示为隧道在不同埋深时施工引起的后桩的附加弯矩图。从图 7-19 可以看出，随着隧道 2 的施工，后桩附加弯矩逐渐增大，方向也发生改变。后桩的变形规律与隧道 1 施工对前桩影响的变形规律类似，方案 1 和方案 2 中桩身在隧道轴线附近产生的附加弯矩绝对

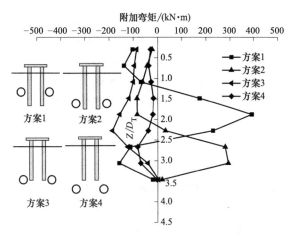

图 7-18 双隧道施工完成后前桩的附加弯矩对比

值最大，在隧道拱顶至隧道拱底附近可近似看作两端铰支的简支梁，隧道轴线附近取得的附加弯矩值最大。方案 3 和方案 4 中，附加弯矩最大值位于 $Z/D_T = 2.5$ 附近，从而可将其至桩趾看成悬臂梁，桩趾为自由端，$Z/D_T = 2.5$ 为固定端，取得的附加弯矩值最大。

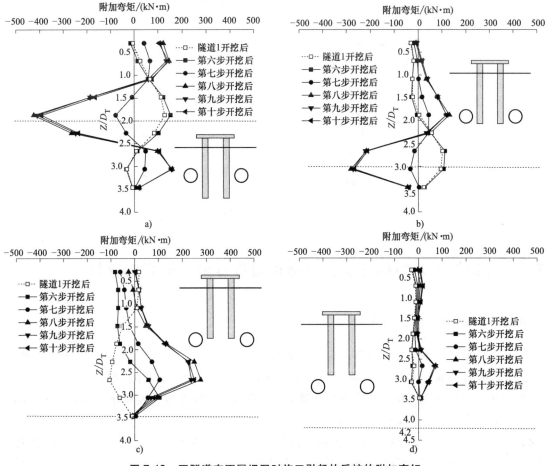

图 7-19 双隧道在不同埋深时施工引起的后桩的附加弯矩
a) 方案 1　b) 方案 2　c) 方案 3　d) 方案 4

图 7-20 所示为不同方案隧道施工完成后后桩的附加弯矩对比。由图 7-20 可知，双隧道施工完成后，当隧道轴线与桩端平齐时，后桩受到的附加弯矩影响最大，当隧道轴线位于桩端以下时，后桩受到的附加弯矩最小。

图 7-21 所示为双隧道施工完成后前、后桩附加弯矩对比。由图 7-21 可知，双隧道施工完成后，前后桩的附加弯矩基本呈对称分布，但附加弯矩值有所差别。主要是因为隧道对称分布在群桩两侧，隧道施工完成后使隧道周围土体的总位移场也为对称分布，故引起的附加弯矩对称分布，但又由于隧道不同的先后施工顺序，使隧道周围土体对前后桩两侧有着不同的挤压力，从而导致附加弯矩值有所差别。

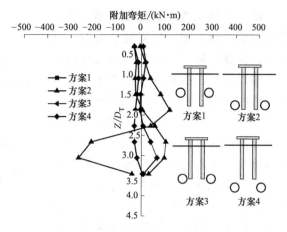

图 7-20 双隧道施工完成后后桩附加弯矩对比

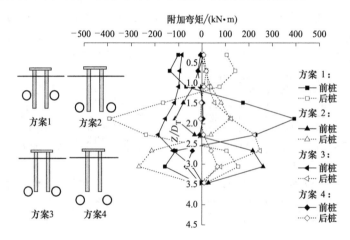

图 7-21 双隧道施工完成后前、后桩附加弯矩对比

7.6 考虑地下水位循环变化双隧道对桩基的长期影响分析

7.6.1 对地表长期沉降的影响

图 7-22 所示为水位循环升降时地表长期沉降。从图 7-22 中可以看出：水位循环升降对地表沉降影响明显，尤其是在隧道邻近处，地表沉降随着水位循环次数增加而增大。如图 7-22 中，经过 3 次水位循环升降后，隧道 1 和隧道 2 轴线处地表沉降分别增加 113.3mm、106.5mm，累计达到 195.6mm、193.6mm，比施工完成时增加 161.8mm、159.6mm，而在 $X/D_T=2$ 处地表沉降仅增加 50mm 左右。在隧道施工完成后至地下水位改变之前（期间约 200d），地表发生较大的沉降；在 3 次升降水循环中（1200d 约 3.28 年），每次降水产生的影响明显大于升水产生的影响；比较每次水位升降循环中地表沉降量可以发现，地表沉降增

量正在发生衰减式沉降，但还未稳定。产生以上现象主要是因为隧道施工引起其周围土体发生松动，使得松动土体在自重作用下发生固结，表现为在地下水位变化前，地表发生较大的沉降。同时，围岩受扰动程度随远离隧道施工面增加而减小，使得双隧道正上方地表沉降最大，而远离隧道处地表沉降受到的影响减小；在水位升降循环中，当地下水位上升时，松动土体发生软化，土体结构受到影响，在自重应力作用下继续固结，地下水位下降时，有效应力增加，加速松动土体的固结沉降，故地表沉降明显。

7.6.2 对桩顶长期附加沉降的影响

图 7-23 所示为水位循环升降时桩顶长期沉降图。由图 7-23 可知：在双隧道施工完成后至地下水位上升前（约 200d），群桩发生较大的沉降变形，结合图 7-22 易知，在此期间，两个隧道轴线间地表也发生较大的沉降，而且土体和群桩发生相对位移，由此可知，群桩的此部分沉降变形主要是因为受隧道施工扰动土体发生固结沉降而对桩身产生负摩阻力作用。隧道施工完成后，地下水位变化对群桩长期沉降影响显著，比较图 7-23 中每次水位升降循环中群桩沉降趋势，可以发现，桩顶沉降随水位升降循环次数增加而逐渐减小，水位下降过程中群桩沉降量较水位上升时群桩沉降更明显（前者约为后者的 2~3 倍），其变化规律与图 7-22 地表沉降规律相似，主要是因为地下水位下降时土体中有效应力增大，松动围岩加速固结并相对桩身下沉，群桩受到较大的附加下拉荷载影响而发生较大沉降。图 7-23 还显示，隧道施工对桩基长期（本文研究约相当于隧道工后 3 年）沉降的影响不可忽视，经受 3 次地下水位升降循环（相当于 3 年的地下水位随季节的变化）变化而引起桩顶附加沉降占总沉降的 50% 以上，其沉降增量虽趋于减小，但尚未稳定，其后期沉降应继续关注。

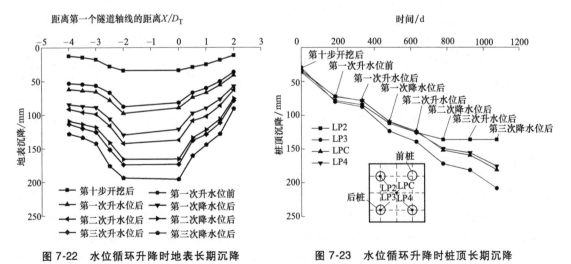

图 7-22 水位循环升降时地表长期沉降　　图 7-23 水位循环升降时桩顶长期沉降

7.6.3 对桩基附加轴力的影响

隧道施工卸载将不可避免地引起其周围土体的扰动，隧道施工完成后，受扰动土体在自重作用下发生固结沉降，同时又长期受到地下水位循环升降的影响，围岩应力状态不断发生改变，使得处于松动围岩区内的群桩桩身受到的侧摩阻力也随之发生复杂变化（同时存在侧摩阻力大小和方向的改变，亦即正负摩阻力的变化，如当水位上升土体软化，侧摩阻力减小;水位下降有效应力增大,土体相对桩身沉降,侧摩阻力方向改变即产生负摩阻力作用),从而对既有受荷桩有复杂附加轴力作用。如图 7-24 和图 7-25 所示分别为地下水位循环升降时前、后桩长期附加轴力的变化。由图 7-24 和图 7-25 可以看出,隧道施工完成后,地下水位的循环变化对邻近桩基长期附加轴力的影响明显。比较图 7-24 和图 7-25 附加轴力沿桩身的分布规律,其总的分布形状基本相似,但由于双隧道施工先后顺序不同,对不同位置围岩的扰动程度也不同,所以在地下水位升降循环的影响下,其附加轴力的分布及变化也存在差异。两图中附加轴力存在诸多拐点,也印证了桩侧摩阻力的复杂变化。

由图 7-24 可知:第 1 次升水位对前桩的附加轴力影响不大;第 1 次水位下降后,桩的附加轴力明显减小,但后续循环对桩身上部的附加轴力影响不大;水位循环升降时前桩的附加轴力最大值均出现在隧道拱顶附近($Z/D_T = 2.7$),整个循环过程中附加轴力最大值为 286.9kN(第 1 次升水位后)。

由图 7-25 可知:第 3 次降水位后桩底附近的附加轴力出现负值;水位循环升降时桩的附加轴力最大值均出现在隧道拱顶附近($Z/D_T = 2.3$),最大约为 383.2kN(第 3 次降水位后),约比循环前增加 21.4%。

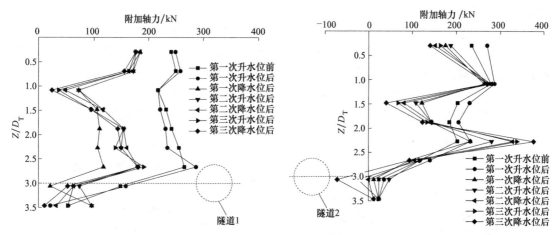

图 7-24 水位循环升降时前桩长期附加轴力的变化　　图 7-25 水位循环升降时后桩长期附加轴力的变化

7.6.4 对桩基附加弯矩的影响

双隧道先后施工对其邻近既有轴向受荷桩基产生附加弯矩的作用已被相关学者证明[103]。笔者的研究也表明,双隧道的先后施工引起其周围土体向隧道方向发生沉降及侧向位移,使得桩身两侧的土压力不平衡而导致桩身有剪应力作用,从而引起桩身的附加弯矩[231]。由于附加弯矩的作用诱发桩体附加横向变形(即挠曲变形),在既有轴向荷载作用下,弯矩进一步增加,挠曲变形进一步增大。再者,Mair[2, 232]指出,土体的渗透系数很小时,隧道施工后地表沉降将在很长时间内继续增加,隧道本身也在发生蹲伏变形,这无疑会使桩的附加弯矩和附加变形发生改变。当附加弯矩增大达到极限弯矩,桩身在极限弯矩处出现塑性铰,这对桩尤其是处于软土层中的柔性桩无疑是很危险的。笔者在上述研究的基础上,试图进一步研究双隧道施工完成后,受地下水位升降循环影响,隧道邻近群桩长期附加弯矩的变化规律。

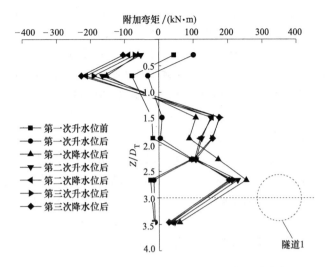

图 7-26 水位循环升降时前桩长期附加弯矩的变化

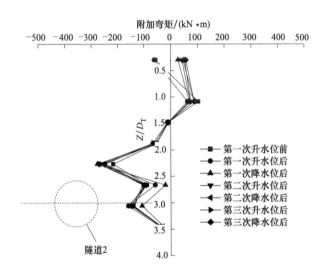

图 7-27 水位循环升降时后桩长期附加弯矩的变化

以桩与隧道 1 邻近一侧受拉的弯矩为正，受压为负。如图 7-26 和图 7-27 所示分别为双隧道施工完成后受地下水位循环升降影响隧道邻近前、后桩长期附加弯矩的变化图。比较前、后桩桩身附加弯矩的分布规律，可以发现：前、后桩附加弯矩大致呈对称分布，但弯矩值有较大差别，可以推测前、后桩的横向挠曲变形也呈对称分布。这主要是因为隧道分布在群桩两侧及隧道和桩均呈对称分布，隧道施工完成后，其周围土体的总位移场也呈对称分布，故引起对称分布的附加弯矩，但由于隧道施工的先后顺序不同，诱发周围土体对前、后桩两侧的挤压力不同，故弯矩值有所差别。前、后桩在历经 1 次水位升降之后，桩身附加弯矩发生较大的变化，尤其是桩顶附近截面处正、负弯矩发生改变，桩身最大弯矩均在增大。这可能是由于历经 1 次水位升降循环后，隧道周围土体发生较大的位移（从图 7-22 的地表沉降差别也可以看出），土体应力场发生较大的变化；同时，基桩发生不均匀沉降（图 7-23），在隧道施工完成后略微倾斜的承台（刚接）发生调整，直接导致桩顶附近截面附加弯矩方向的改变（桩顶附近反弯点消失）。在此后的升降水循环中，前、后桩附加弯矩均在小幅度改变，最大弯矩均在增加。这可能与隧道周围地基土体发生衰减式固结变形有关。

但前桩和后桩附加弯矩也是有区别的，主要表现在：受地下水位升降循环的影响，前桩反弯点由3个变为2个，后桩反弯点由2个减少到1个；虽然两桩的危险截面（最大弯矩值处截面）均发生在隧道拱顶附近，但地下水位升降循环的影响，前桩最大弯矩可能还出现在距地表约$0.7D_T$（约4.2m）处，可认为存在两个危险截面。这可能是因为围岩在受到扰动及固结沉降过程中前桩发生倾斜变形而桩顶又受到刚性承台的约束有关。经过多次循环之后，前桩桩身最大弯矩明显变大，分别累计达到253.0kN·m（正弯矩）和-226.9kN·m（负弯矩），比升水位前分别增加159.6kN·m、148.5kN·m，是其2.8倍左右，且最大正弯矩位置在经历第1次水位下降后下降；而对于后桩，除了第1次降水位前、后桩桩顶附加弯矩改变较大外（由-61.5kN·m变为27kN·m），升降水位循环对后桩的附加弯矩影响并不大。由此可知，升降水位循环对前桩的影响较后桩明显。

第8章

地铁不同埋深盾构双隧道施工对既有管线的影响分析

8.1 引言

虽然之前的学者对隧道-管-土相互作用问题已开展了较为系统的研究，但是大都关注于单隧道开挖对管线的影响，且将其视为平面应变问题进行简化处理，而有关隧道开挖对邻近管线的主要影响区域以及双隧道开挖对邻近管线的影响鲜有报道。为了更好地对此问题进行深入地理解，借助三维离心模型试验和有限单元法，对不同埋深双隧道开挖对既有地埋管线的影响、不同施工顺序及布置形式盾构双隧道施工对既有管线的影响进行模拟分析，着重对地表沉降、管线沉降、管线弯曲应变、管-土相互作用机理和荷载传递机理进行分析。

8.2 数值模拟方案

8.2.1 不同埋深双隧道施工对既有连续管线影响的数值模拟方案

为了深入理解相同埋深平行双隧道埋置深度对既有连续管线的影响机理、管-土荷载传递机理、双隧道-管-土相互作用机理，本章共开展两组三维数值模拟工作（表8-1），其中双隧道施工工况及模型尺寸与第四章所述两组离心模型试验1和试验2所对应原型尺寸完全相同。

8.2.2 双隧道不同施工顺序及不同布置位置对既有连续管线影响的数值模拟方案

为了深入理解双隧道不同施工顺序及不同布置位置对既有连续管线的影响机理，管-土荷载传递机理、双隧道-管-土相互作用机理以及双隧道施工对既有连续管线的主要影响区域，本章首先基于第4章所述的两组离心模型试验即试验3和试验4，开展两组三维数值模拟工作，在此基础上拓展6种不同的双隧道施工工况，即先施工上覆隧道后施工下置隧道、先施工下置隧道后施工上覆隧道、两隧道同时施工，其三维数值模拟方案，见表8-1。

表 8-1 三维数值模拟方案

研究目的	代号	C_T/D_T 左	C_T/D_T 右	C_p/D_p	P/D_T 左	P/D_T 右	数值模拟	开挖顺序	备注
不同埋深双隧道开挖对连续管线影响	LL	4	4	2.5	2.9	2.9	√	先右后左	开挖流程同试验1
	UU	2	2		0.9	0.9	√	先右后左	开挖流程同试验2
双隧道不同开挖顺序及不同布置位置对既有连续管线影响	P(UL)	上 2	下 4	2.5	上 0.9	下 2.9	√	先上后下	开挖流程同试验3
	P(LU)	下 4	上 2	2.5	下 2.9	上 0.9	√	先下后上	试验3拓展工况
	P(S)	上 2	下 4	2.5	上 0.9	下 2.9	√	同时开挖	试验3拓展工况
	S(UL)	上 2	下 4	2.5	上 0.9	下 2.9	√	先上后下	开挖流程同试验4
	S(LU)	下 4	上 2	2.5	下 2.9	上 0.9	√	先下后上	试验4拓展工况
	S(S)	上 2	下 4	2.5	上 0.9	下 2.9	√	同时开挖	试验4拓展工况

注：1. L（Lower）：下置隧道；U（Upper）：上覆隧道；P（Piggyback）：肩驮式布置双隧道。
2. 括号外的 S（Stacked）：重叠式布置双隧道；括号内的 S（Simultaneously）：表示同时开挖。

8.3 不同埋深双隧道施工对既有管线的影响分析

8.3.1 管线正上方地表沉降

图 8-1 所示为两组工况下（$C_T/D_T=4$；$C_T/D_T=2$），双隧道施工所致管线正上方地表沉降，图中试验所测管线上方地表沉降为图 4-1 中管线正上方一组 LVDT 所测地表沉降。图 8-1 中地表沉降值（S_2）和距先施工隧道轴线的距离（X）已由隧道直径（D_T）归一化。

隧道埋深对管线正上方地表沉降影响较大，试验 1 和试验 2 中第一个隧道施工完成后管线正上方地表最大沉降值分别为 $0.38\%D_T$、$0.70\%D_T$，后者为前者的 1.8 倍，与隧道施工所致地表沉降（Greenfield conditions）对比可知，试验 1 和试验 2 中第一个隧道施工所致最大地表沉降（Greenfield conditions）为管线正上方地表最大沉降值的 1.15 倍和 1.27 倍。同样采用 Peck 公式对试验 1 和试验 2 中第一个隧道施工完成后管线正上方地表沉降进行拟合，求得 K 值分别为 0.49，0.63。由此可知，由于管线的存在对其正上方地表沉降有一定的"遮挡"效应，该"遮挡"效应将使得管线正上方地表沉降槽相对无管线存在时的隧道施工所致地表沉降槽宽度增大，且这种"遮挡"效应对管线正上方地表沉降的影响程度会随着隧道与管线之间的净距的增大而减小。试验 1 和试验 2 中第二个隧道施工完成后最大地表沉降（Greenfield conditions）为管线正上方地表最大沉降值的 1.26 倍和 1.33 倍。由此可知，这种"遮挡"效应对管线正上方地表沉降的影响程度会随着后继隧道的施工而逐渐加剧，但这种"遮挡"效应对管线正上方地表沉降的影响程度并非是单隧道施工完成后因管线存在所致"遮挡"效应的叠加，而是较这种叠加所致效应有所减缓。产生这种现象的原因与隧道施工过程中土体内部土拱的形成、发展、破坏、再形成及土体刚度的高度非线性有关。

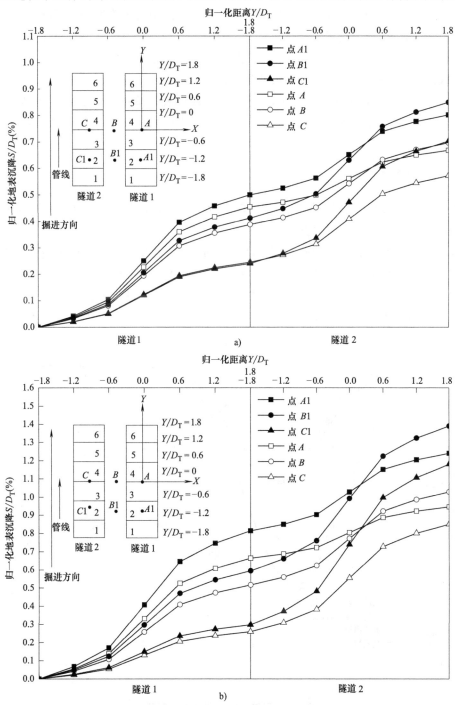

图 8-1 双隧道施工过程中地表沉降变化曲线
a) 试验 1 b) 试验 2

图 8-1 所示为 LL、UU 两种工况下，计算所得管线正上方地表沉降关注点 A、B、C 及距管线轴线水平距离 $3d_p$ 处的地表沉降关注点 $A1$、$B1$、$C1$ 在双隧道施工过程中的沉降变化曲线。由图 8-1 可知，因管线存在所引起的"遮挡"效应对管线正上方地表沉降的影响于隧道正上方处的最大，随着与此处距离的增加，"遮挡"效应的影响程度逐渐减小。LL、UU 两种工况下，当隧道开挖面逐渐靠近管线轴线时，施工所致地表沉降增量逐渐增加，当隧道开挖面位于管线轴线正下方时其沉降增量最大，随着隧道开面逐渐远离管线轴线，施工所致地表沉降增量逐渐减小。从图 8-1 可以看出，先后施工两隧道开挖面位于 $-1.2D_T \sim 1.2D_T$ 范围内时，隧道施工所致管线正上方地表沉降量及距管线轴线水平距离 $3d_p$ 处的地表最大沉降量占最终总沉降量的 92% 和 93.5%。即隧道施工所致地表沉降的主要影响区域为 $-1.2D_T \sim 1.2D_T$。对于实际工程的施工，当隧道开挖面位于此区域内时，应加强地层沉降的监测频率。

8.3.2 管线沉降

图 8-2 所示为管线上表面 LVDT 所测管线沉降，图 8-2 中地表沉降值（S_p）和距先施工隧道轴线的距离（X）已由隧道直径（D_T）归一化。

与隧道施工所致地表沉降趋势相同，试验 1 和试验 2 中第一个隧道施工完成后管线最大沉降值分别为 $0.40\% D_T$ 和 $0.59\% D_T$，后者约为前者的 1.5 倍。仍采用高斯分布曲线对试验 1 和试验 2 中第一个隧道施工所致管线沉降曲线进行拟合，所得相关系数（Coefficient of correlation）分别为 0.971 和 0.993。可见在不排水条件下，隧道施工所致管线沉降仍可用高斯

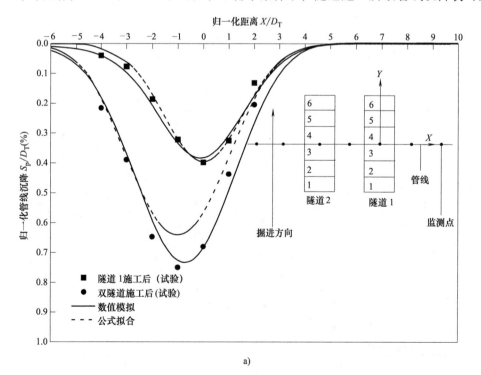

图 8-2 双隧道施工所致管线沉降
a) 试验 1

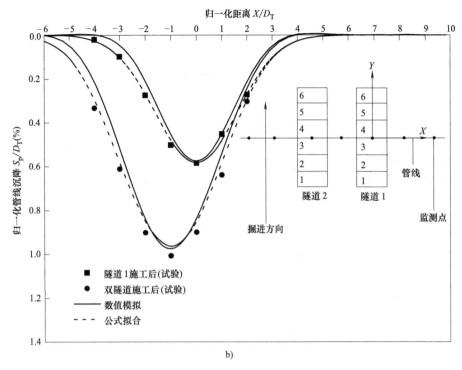

图 8-2 双隧道施工所致管线沉降（续）
b）试验 2

分布曲线进行预测。Klar[233]通过理论推导，同样指出隧道施工所致管线沉降仍符合高斯分布曲线。拟合所得 i 值分别为 1.54 和 1.61，由此可见与隧道施工所致地表沉降不同，不同 C_T/D_T 值对管线沉降槽宽度影响较小。同样采用叠加原理对双隧道施工所致管线沉降曲线进行拟合，如图 8-2 中虚线所示，所得管线沉降曲线最大值较试验所得最大值大，该结论与前述有关地表沉降所得结论一致，即叠加法所得地表沉降曲线最大值较试验所得最大值大。

图 8-3 所示为试验 1 和试验 2 中管线沉降测点 A、B、C 在双隧道施工各阶段变化趋势。第一个隧道施工时，因测点 A 位于施工隧道正上方，其沉降最为明显，而距测点 A 处最远的 C 点处的沉降量最小，随着第二个隧道的施工，位于施工隧道正上方 C 点处的管线沉降量变化最快，且管线最大沉降值逐渐向 B 点转移。试验 1 和试验 2 中当隧道开挖面逐渐靠近管线轴线时，每个施工步所致管线沉降增量逐渐增加，当隧道开挖面位于管线轴线正下方时其沉降增量最大，随着隧道开面逐渐远离管线轴线，每个施工步所致管线沉降增量逐渐减小。从图 8-3 可以看出，先后施工两隧道开挖面位于 $-1.2D_T \sim 1.2D_T$ 范围内时，隧道施工所致管线沉降量占隧道施工所致总沉降量的 85%。即隧道施工所致管线沉降的主要影响区域为 $-1.2D_T \sim 1.2D_T$。对于实际施工过程，当隧道开挖面位于此区域内时，应加强管线性状监测。

8.3.3 管线纵向弯曲应变

图 8-4 所示为试验 1 和试验 2 中双隧道施工所致管线弯曲应变分布图，图 8-4 中正值表

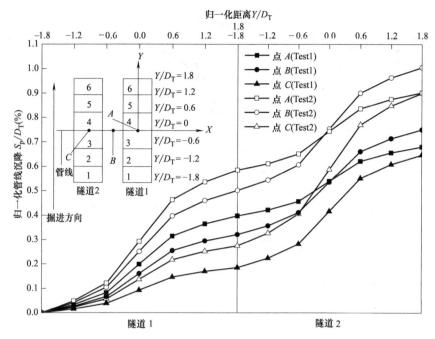

图 8-3 双隧道施工过程中所致管线沉降变化曲线

示管线底部受拉,负值表示管线底部受压。

与隧道施工所致管线沉降变化规律相同,当隧道开挖面位于管线轴线正下方时其弯曲应变增量最大,随着隧道开挖面逐渐远离管线轴线,每个施工步所致管线弯曲应变增量逐渐减

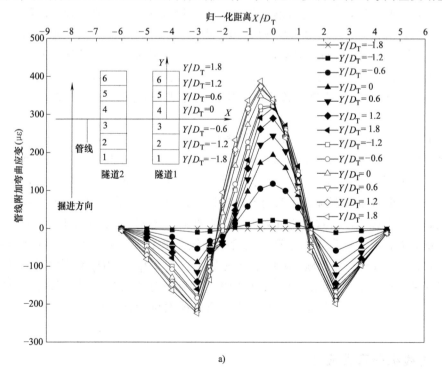

a)

图 8-4 双隧道施工过程中所致管线弯曲应变变化曲线
a) 试验 1

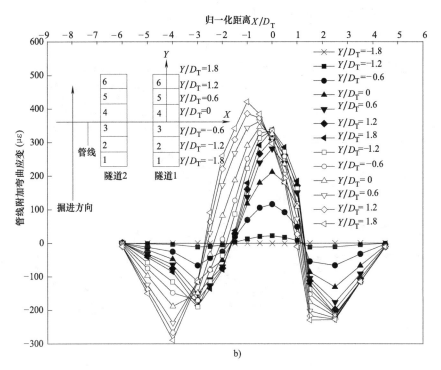

图 8-4 双隧道施工过程中所致管线弯曲应变变化曲线（续）
b) 试验 2

小。两种工况下，先后施工两隧道开挖面位于 $-1.2D_T \sim 1.2D_T$ 范围内时，隧道施工所致管线弯曲应变占隧道施工所致总弯曲应变的 87.3% 和 89.7%。其进一步说明隧道施工所致管线沉降的主要影响区域为 $-1.2D_T \sim 1.2D_T$。试验 1 和试验 2 中双隧道施工完成后管线最大弯曲应变分别为 388.6με 和 420.8με，其值均大于 Attewell 等[188]建议的隧道施工所致铸铁管线的允许弯曲应变（200με）。这也表明两种工况下双隧道施工将会严重影响其临近管线的正常使用。试验 1 和试验 2 两种工况下后继隧道的施工使得管线弯曲应变逐渐向后继施工隧道的轴线方向转移，而管线最大弯曲应变的增量仅相当于先施工隧道所致最大弯曲应变的 23.5% 和 24.6%。

图 8-5 所示，不同 C_T/D_T 值情况下，单隧道施工对管线下凸区（管线底部受拉区）分布影响较小，试验 1 和试验 2 中第一个隧道施工完成后，管线下凸区范围均为 $-1.5D_T \sim 1.5D_T$，且下凸区最大弯曲应变约为上凸区（管线底部受压区）最大应变的 2 倍。但是，随着第二个隧道的施工，管线下凸区逐渐向新施工隧道一侧扩展，且随着 C_T/D_T 值的减小，管线下凸区范围增大，试验 2 中因隧道 2 施工所致管线下凸区扩宽范围（$1.25D_T$）为试验 1（$0.7D_T$）中的 1.8 倍。根据结构力学中梁相关理论，管线反弯点位于弯曲应变为 0 处，且反弯点处将产生最大的剪应力，所以在双隧道施工实际工程中，第二个隧道施工时应加强管线性能的监测，特别是对于浅埋双隧道工程，应加宽管线监测范围。

图 8-5 所示为有限元模拟结果与离心试验所得结果对比。从图 8-5 中可知，有限元模拟结果较离心试验结果均偏小。这主要是因为有限元模拟中隧道截面收缩模式与离心试验有所差别，同时因模型隧道制备阶段充注内膜重液时难免有少量空气注入，从而使得两者所得结

果有所差别。但是其变化趋势相符,并不影响主要结论。

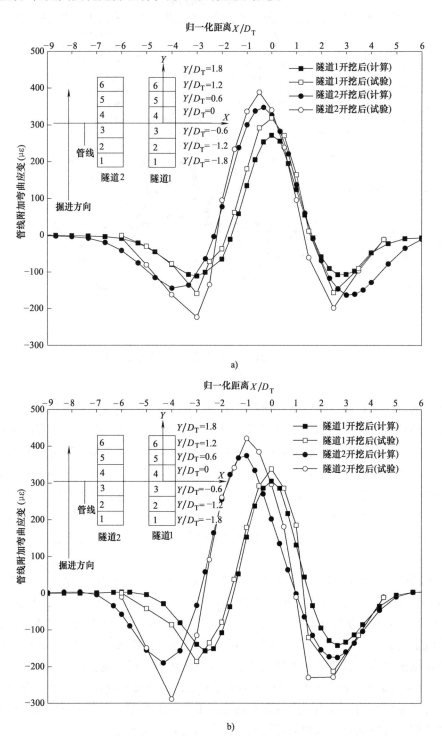

图 8-5 计算所得管线弯曲应变与试验所得对比

a) 试验 1 b) 试验 2

8.4 不同施工顺序及布置形式盾构双隧道施工对既有管线的影响分析

8.4.1 管线正上方地表沉降

各种工况下隧道施工所致最大地表沉降值（greenfield condition）及管线上方最大地表沉降值，见表 8-2。同时，图 8-6 所示为各工况下管线上方最大地表沉降值与最大地表沉降值对比图，从表 8-2 及图 8-6 可以看出，"遮拦"效应对管线正上方地表沉降的影响程度随着最大地表沉降的增加而逐渐加剧，图 8-6 中的离散点随着地表沉降的增加而逐渐偏离斜率为 1.0 的线。其主要是因为随着隧道的逐步施工所产生的应力释放效应，管周土体的剪切应变逐渐累积，土体剪切应变的累积将使得土体刚度逐渐下降，较大的地表沉降一般位于土体累积剪切应变较大处，而较大的剪切应变将使得土体刚度削弱程度加剧，而本文所涉及的所有工况中管线的刚度均可视为恒定值，则管-土相对刚度随着隧道的施工将逐渐增大，致使管线变形相对于无管线存在时管线轴线处地层变形的相对位移逐渐增大，也即管线的存在对无管线存在时隧道施工所引起的土层的应力场和位移场的扰动程度随着管-土相对刚度的增大而逐渐加剧。Vorster[4] 采用离心模型试验对不同地层损失率情况下隧道施工对既有临近地埋管线的影响进行了研究，研究结果表明，随着地层损失率的不断提高，管-土相对刚度不断提高，致使管-土最大位移之差逐渐增大。同时 Vorster[4] 也对比了管-土相对刚度对管线弯曲应变的影响，采用管线实测最大弯矩 M_{max} 与将管线视为柔性管线（管的竖向位移与无管线存在时管线轴线处地层沉降完全一致）时计算所得管线最大弯矩 $M_{max,gf}$ 之比值来衡量管-土相对刚度对管线弯矩的影响，结果显示，随着管-土相对刚度的逐渐增大，$M_{max}/M_{max,gf}$ 之比越小，也即管-土相对刚度对管线弯矩的影响越大。结合目前有关城市地埋管线的设计流程或者采用解析法来对隧道开挖对管线的影响进行分析时，均将隧道施工所致地层位移场视为一个重要的参量来融入设计及计算流程中，但从以上的分析可知，如何在预测隧道施工所致土层位移场的设计计算流程中合理地考虑隧道施工步骤、管-土相对刚度、双隧道布置位置对地层位移场的影响显得尤为重要，否则，如果简单地采用无管线存在时隧道施工所引起的位移场，将使预测的管线变形及弯曲应变较实际值偏大，从而造成工程浪费。

表 8-2 各种工况下隧道施工所致最大地表沉降（greenfield condition）及管线上方最大地表沉降

施工隧道	LL		UU		P(UL)		P(LU)	
	L	L	U	U	U	L	L	U
地表沉降 S_1(greenfield)	$0.498\%D_T$	$0.856\%D_T$	$0.810\%D_T$	$1.390\%D_T$	$0.810\%D_T$	$1.121\%D_T$	$0.498\%D_T$	$1.232\%D_T$
地表沉降 S_2(管线正上方)	$0.453\%D_T$	$0.705\%D_T$	$0.662\%D_T$	$1.032\%D_T$	$0.662\%D_T$	$0.904\%D_T$	$0.453\%D_T$	$0.966\%D_T$
S_2/S_1	0.910	0.824	0.8275	0.742	0.8275	0.806	0.910	0.784

施工隧道	P(S)	S(UL)		S(LU)		S(S)
	S	U	L	L	U	S
地表沉降 S_1(greenfield)	$1.011\%D_T$	$0.810\%D_T$	$1.182\%D_T$	$0.498\%D_T$	$1.000\%D_T$	$1.049\%D_T$
地表沉降 S_2(管线正上方)	$0.824\%D_T$	$0.662\%D_T$	$0.944\%D_T$	$0.453\%D_T$	$0.8198\%D_T$	$0.855\%D_T$
S_2/S_1	0.8151	0.8275	0.799	0.910	0.8198	0.8147

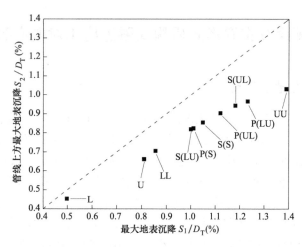

图 8-6 各工况下管线上方最大地表沉降及最大地表沉降对比图（greenfield condition）

8.4.2 管线沉降

图 8-7a 所示为肩驮式双隧道施工所致管线沉降变化曲线。P（UL）、P（LU）两种工况下第一个隧道施工完成后所致管线沉降槽变化规律与地表沉降槽变化规律一致，即管线沉降槽宽度随着隧道埋深的增大而增大，而最大沉降值随着隧道埋深的增大而减小，第一个隧道施工所致管线最大沉降值前者比后者大 52%。双隧道不同施工工序对管线沉降的影响较大，P（UL）、P（LU）、P（S）三种工况下肩驮式布置双隧道施工完成后所致地表沉降最大值分别为 $0.90\%D_T$、$1.05\%D_T$、$0.85\%D_T$，最大值比最小值大 23.5%。图 8-7b 所示为重叠双隧道施工所致管线沉降变化曲线。S（UL）、S（LU）、S（S）三种工况下重叠双隧道施工完成后所致地表沉降最大值分别为 $0.80\%D_T$、$0.64\%D_T$、$0.68\%D_T$，最大值比最小值大 25.0%。试验 3 和试验 4 中两组离心模型试验所测结果也包含于图 8-7 中，试验所测管线沉降槽分布情况与计算结果较为吻合。

图 8-7 中实线为双隧道不同布置情况下第一个隧道施工完成后所致管线沉降的叠加，叠加所得沉降槽的变化趋势与前一节采用叠加法所得地表沉降变化趋势一致。图 8-7a 中叠加所得曲线的沉降槽宽度及最大沉降值均小于 P（UL）、P（LU）、P（S）三种工况下双隧道施工所致管线沉降槽宽度及最大沉降值，而图 8-7b 中叠加所得曲线的沉降槽宽度小于 S（UL）、S（LU）、S（S）三种工况下双隧道施工所得沉降槽宽度，但叠加所得曲线的最大沉降值小于 S（UL）、S（LU）、S（S）三种工况下双隧道施工所得最大沉降值，如果将叠加法所得管线沉降槽分布曲线作为衡量标准，以此来分析不同布置工况下先后施工双隧道对管线沉降的影响，P（UL）、P（LU）两工况下后继隧道的施工将加剧管线的沉降，而 S（UL）、S（LU）两工况下后继隧道的施工将减缓管线的沉降。结合本章给出的不同埋深平行双隧道施工所致管线沉降与采用叠加法所得管线沉降的对比图（图 8-2）进行分析，与工况 P（UL）、P（LU）变化趋势相同，LL（试验 1）和 UU（试验 2）两工况下叠加法所得管线沉降最大值均小于双隧道施工所致管线沉降最大值。产生这种现象主要是因为，LL（试验 1）、UU（试验 2）、P（UL）、P（LU）工况下，后继施工的隧道均位于先前施工隧道的主要影响区域[30]之外，也即土体扰动区域之外，而 S（UL）、S（LU）两工况下，后

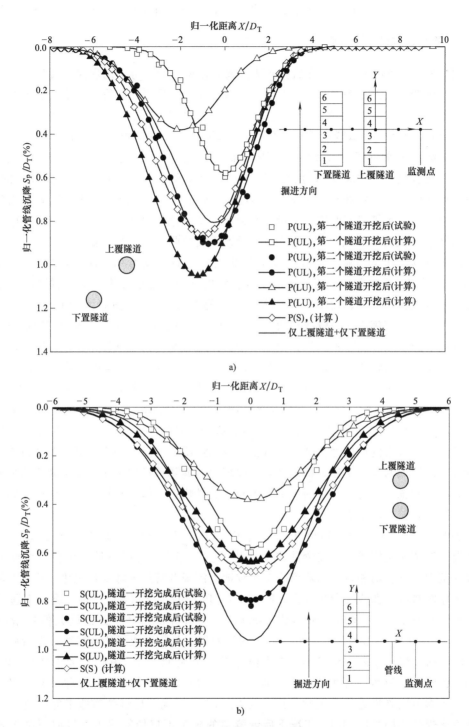

图 8-7 双隧道施工所致管线沉降
a) 肩驮式双隧道　b) 重叠式双隧道

继施工隧道完全位于先前施工隧道主要影响区域[30]之内，使得两隧道之间的相互作用较为明显，综合之前分析的累积剪切应变及隧道"遮拦"效应的影响，致使 S（UL）、

S（LU）两工况下双隧道施工所致地表沉降最大值小于采用叠加法所得地表沉降最大值。

8.4.3 管线纵向弯曲应变

如图 8-8a、b 所示为试验 3 和试验 4 两组离心模型试验所得不同埋深双隧道施工各步所致管线弯曲应变变化图，图 8-8a、b 中正值表示管线底部受拉，负值表示管线底部受压。双隧道采用肩驮式布置时（试验 3），双隧道施工完成后管线下凸区（管线底部受拉区）分布范围为 $-2.5D_T \sim 1.5D_T$，双隧道重叠布置时（试验 4），双隧道施工完成后管线下凸区（管线底部受拉区）分布范围为 $-1.5D_T \sim 1.5D_T$。两种工况下第一个隧道及第二个隧道施工完成后，管线下凸区最大弯曲应变约为管线上凸区（管线底部受压区）最大弯曲应变的 2 倍，当隧道开挖面位于管线轴线正下方时其弯曲应变增量最大，随着隧道开面逐渐远离管线轴线，每个施工步所致管线弯曲应变增量逐渐减小，两隧道开挖面位于 $-1.2D_T \sim 1.2D_T$ 范围内时，两工况中（试验 3 和试验 4）隧道施工所致管线弯曲应变占隧道施工所致总弯曲应变的 92.7% 和 91.0%，即隧道施工所致管线沉降的主要影响区域为 $-1.2D_T \sim 1.2D_T$。对比分析图 8-8a 上覆隧道及下置隧道施工完成后所致管线的弯曲应变变化图，下置隧道的施工并未增加管线的最大弯曲应变，而图 8-8b 中随着下置隧道的施工管线的最大弯曲应变明显增大，其增大值为上覆隧道施工所致管线弯曲应变的 24.9%。试验 3 工况下，随着下置隧道的逐渐开挖，管线下凸区宽度向下置隧道方向逐渐增大，增加宽度为 $1.0D_T$，且管线最大弯曲应变逐渐向下置隧道方向转移，而试验 4 工况下，下置隧道的施工并未增加管线下凸区宽度，结合本章给出的试验 1 和试验 2 工况下不同埋深双隧道施工对管线弯曲应变的影响图（图 8-4 和图 8-5）进行对比分析，试验 1 和试验 2 工况下后继隧道的施工使得管线下凸区宽度分别增加 $1.25D_T$ 和 $0.7D_T$。根据简支梁理论的相关原理，管线反弯点位于弯曲应变为 0 处，且反弯点处将产生最大的剪应力，则在先后施工双隧道施工实际工程中，第二个隧道施工时应加强管线工作性能的监测工作，特别是对于浅埋的后继隧道且位于先前施工隧道的主要影响范围内并与先前施工隧道有一定的水平间距时，后继隧道的施工对管线工作性能的影响更应成为岩土工作者关注的重点。

如图 8-8c、d 所示为计算所得 P（UL）、P（LU）、P（S）、S（UL）、S（LU）、S（S）六种工况下隧道施工完成后管线弯曲应变变化图。P（UL）工况下计算所得管线弯曲应变变化规律基本与试验值相符。与隧道施工所致地表沉降及管线沉降变化规律一致，双隧道不同施工顺序对管线弯曲应变影响较大，P（UL）、P（LU）、P（S）三种工况下双隧道施工完成后所致管线最大弯曲应变分别为 $315.6\mu\varepsilon$、$398.6\mu\varepsilon$、$276.5\mu\varepsilon$，最大值比最小值大 44.1%，S（UL）、S（LU）、S（S）三种工况下双隧道施工完成后所致管线最大弯曲应变分别为 $388.5\mu\varepsilon$、$334.5\mu\varepsilon$、$351.3\mu\varepsilon$，最大值比最小值大 16.1%。其值均大于 Attewell 等[33]建议的隧道施工所致铸铁管线的允许弯曲应变（$200\mu\varepsilon$）。这也表明此 6 种工况下双隧道施工将会严重影响其临近管线的正常使用。与 P（UL）工况下后继隧道施工完成所致管线弯曲应变变化规律不同，P（LU）工况下后继隧道的施工不仅使管线下凸区向新施工隧道一侧拓宽，而且使得管线的最大弯曲应变增大了 49.5%。

与双隧道施工所致地表沉降及管线沉降规律相似，图 8-8c 中叠加所得管线最大弯曲应变小于 P（UL）、P（LU）两工况下管线最大弯曲应变，而图 8-8d 中叠加所得管线最大弯曲应变远大于 S（UL）、S（LU）两工况下管线最大弯曲应变，如果以叠加所得管线最大弯

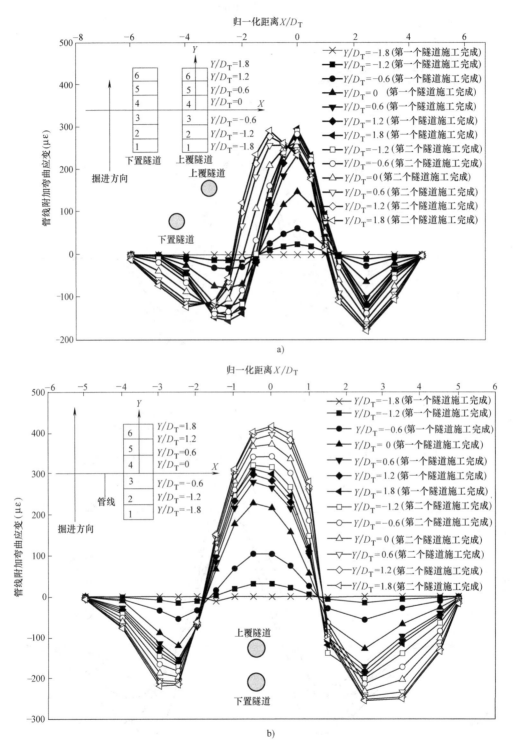

图 8-8 双隧道施工所致管线纵向弯曲应变
a) 试验 3 实测　b) 试验 4 实测

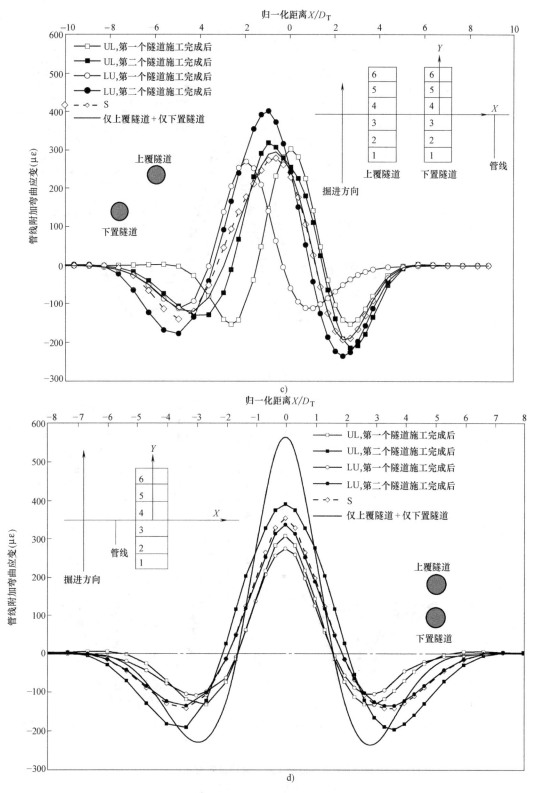

图 8-8 双隧道施工所致管线纵向弯曲应变（续）
c）双隧道采用肩驮式布置时　d）双隧道重叠布置时

曲应变为衡量标准，当后继施工隧道位于先前施工隧道主要影响区域[30]之外时，对于先后施工双隧道工程而言，因受先前施工隧道的影响，使得后继隧道的施工对既有地埋管线的影响加剧，而当后继施工隧道位于先前施工隧道的主要影响区域[30]之内时，因受先前施工隧道的影响，使得后继隧道的施工对既有地埋管线的影响有所缓解，这也进一步证明不能简单地采用叠加原理对于先后施工双隧道施工所致管线弯曲应变进行预测。

8.5 试验结果与叠加原理所得结果对比

Klar 和 Marshall[234]通过理论分析提出，隧道开挖完成后由管线轴线处土体竖向位移所得地层损失率与管线竖向位移所得地层损失率相等，且如果地层位移符合高斯分布曲线，则所得管线竖向位移分布曲线仍可以用高斯分布进行描述，并基于以上两点提出了用于计算隧道开挖所致管线弯曲应变的表达式如下：

$$\varepsilon_{\mathrm{p}} = \frac{S_{\mathrm{max1}} \cdot d_{\mathrm{p}}/2}{i_1^2} (2\beta)^{3/2} \exp\left(-\beta \frac{x^2}{i_1^2}\right) \left(1 - 2\beta \frac{x^2}{i_1^2}\right) \tag{8-1}$$

$$\beta = 0.5 - 0.1224 R^{-0.0974} \operatorname{arcsinh}(R) \tag{8-2}$$

式中，β 为用高斯分布拟合管线沉降所得曲线的斜率；S_{max1} 为无管线存在时管线轴线埋深处土体最大沉降值；i_1 为管线轴线处土体沉降曲线反弯点至隧道中心之距；R 为管-土相对刚度，其值由以下步骤得到：

1) 采用如下的修正高斯分布曲线[4]对隧道开挖所得地表沉降进行拟合，得到 S_{max}、i、α。

$$S_{\mathrm{v}}(x) = \frac{n}{n-1+\exp\left(\alpha \frac{x^2}{i^2}\right)} S_{\mathrm{max}} \tag{8-3}$$

$$n = \exp(\alpha) \frac{2\alpha-1}{2\alpha+1} + 1 \tag{8-4}$$

式中，$S_{\mathrm{v}}(x)$ 为土体的竖向位移；S_{max} 为隧道轴线上方土体最大竖向位移；i 为任意点至地表沉降反弯点之距；n、α 为土体沉降槽形状参数，当 $\alpha = 0.5$，也即 $n = 1$ 时，式（8-3）退化为高斯分布曲线。

2) 根据下式得到土体的平均剪应变 γ_{a}：

$$\gamma_{\mathrm{a}} = \left[x_1 + x_2 \cdot \frac{i^2}{(z_{\mathrm{t}}-z_{\mathrm{p}})^2} - x_3 \cdot \frac{i^2}{z_{\mathrm{t}}-z_{\mathrm{p}}} C\right] \frac{S_{\mathrm{max}}}{i} \tag{8-5}$$

$$x_1 = -0.0557 \cdot n^2 + 0.1697 \cdot n + 0.2679 \tag{8-6}$$

$$x_2 = 0.1069 \cdot n^2 - 0.4281 \cdot n + 0.7049 \tag{8-7}$$

$$x_3 = 0.1303 \cdot n^3 - 0.6382 \cdot n^2 + 0.9921 \cdot n - 0.2132 \tag{8-8}$$

式中，z_{t}、z_{p} 为地表至隧道轴线和管线轴线之距。

3) 假定管土相互作用所致土体剪应变 γ_{j} 为 0，根据下式得到土体的等效剪应变 γ_{eq}：

$$\gamma_{eq}=\sqrt{\gamma_a^2+\gamma_j^2} \qquad (8-9)$$

4）根据步骤3）所得土体等效剪应变，并结合土体非线性剪应变—刚度曲线确定此等效剪应变所对应土体弹性模量。如图8-9所示为Toyoura砂的剪应变—刚度曲线。

5）由上述所得土体弹性模量并结合EI、S_{max1}、i和n值，并根据下式得到管-土相对刚度R：

$$R=EI/E_s r_0 i_1^3 \qquad (8-10)$$

式中，r_0为管线外半径。

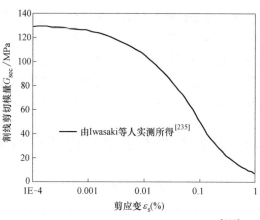

图8-9 Toyoura砂剪应变—刚度曲线图[235]

6）由下式得到管线最大弯矩（M_{max}）与无管土相互作用时（管线变形与管线轴线处土体变形完全一致）管线最大弯矩（$M_{max,gf}$）之比：

$$\frac{M_{max}}{M_{max,gf}}=\frac{1}{1+1.1\dfrac{\alpha}{n}f_i(f_d R)^{2/3}} \qquad (8-11)$$

$$f_d=\frac{(1+0.93z_p)/r_0}{1.07z_p/r_0} \qquad (8-12)$$

$$f_i=2.18(i_1/r_0)^{-1/3} \qquad (8-13)$$

7）根据步骤6）所得$\dfrac{M_{max}}{M_{max,gf}}$并结合下式计算管土相互作用所致土体剪应变$\gamma_j$：

$$\gamma_j=0.39\left(\frac{M_{max}}{M_{max.gf}}\right)^{0.115}\ln\left(\frac{M_{max,gf}}{M_{max}}\right)\frac{S_{max}}{r_0} \qquad (8-14)$$

8）根据步骤6）所得γ_j，重复步骤3）~6），直至得到γ_{eq}和R的收敛值，并代入式（8-1）、式（8-2）计算得到管线弯曲应变。

为了得到无管线存在时管线轴线处土体竖向位移，计算中假定各土层地层损失率相等，且深层土体位移与地表土体竖向位移有相同的K（沉降槽宽度系数）值，采用Mair等[236]提出的经验公式计算管线轴线埋深处土体沉降槽参数i_1：

$$K=i_1/(z_T-z) \qquad (8-15)$$

按照上述方法，并结合试验所得试验1和试验2中第一个隧道开挖完成后地表沉降参数，得到如表8-3所示相关参数。两种工况下双隧道开挖完成后，试验2中管土相对刚度R远大于试验1，这与之前分析的土体刚度变化规律相符，即试验2中第一个隧道开挖完成后管线底部土体刚度较试验1工况下小，在假设管线刚度不变的情况下，则试验2中第一个隧道开挖完成后管-土相对刚度较试验1中的大。

表 8-3 计算参数

试验编号	S_{max1}/mm	i_1/m	R	β
试验 1	394.0	9.40	0.8938	0.4006
试验 2	815.5	4.62	70.9124	0.1001

图 8-10 所示，试验 1 和试验 2 中第一个隧道开挖完成后管线弯曲应变与 Klar 和 Marshall[234] 提出的关于隧道开挖所致管线弯曲应变的预测结果能较好地吻合。但是，当采用

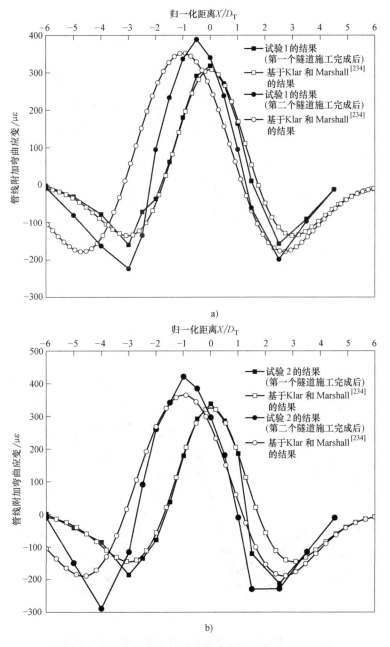

图 8-10 管线弯曲应变试验结果与解析解所得结果对比
a) 试验 1　b) 试验 2

Klar 和 Marshall[234] 提出的叠加原理对双隧道开挖所致管线弯曲应变进行预测时,结果显示,采用叠加法所得管线弯曲应变均小于试验 1 和试验 2 中试验结果。其原因是因为土体的刚度 R（增大）、第二个隧道单独开挖所致管线轴线处沉降槽宽度参数 i_1（减小）及最大沉降量 S_{max1}（增大）均随着第二个隧道的开挖而变化,所以应慎重采用叠加原理对双隧道开挖所致管线弯曲应变进行预测,否则可能得到与实测相比偏小的预测值。

图 8-11 所示为试验 3 和试验 4 两工况下离心模型试验所得管线弯曲应变与采用 Klar 和 Marshall[234] 提出的解析法所得管线弯曲应变的对比图。与图 8-10 中试验 1 和试验 2 两工况

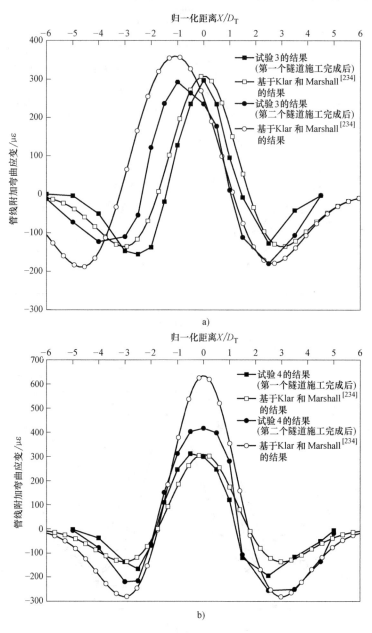

图 8-11 管线弯曲应变试验结果与解析解所得结果对比
a) 试验 3 b) 试验 4

下第一个隧道开挖完成后试验所得管线弯曲应变与解析法所得管线弯曲应变对比结果相同，试验 3 和试验 4 两工况下离心模型试验所得管线弯曲应变与采用 Klar 和 Marshall[234] 提出解析法所得管线弯曲应变能较好地吻合，但采用 Klar 和 Marshall[234] 提出的叠加原理所得试验 3 和试验 4 两工况下双隧道开挖完成后管线弯曲应变明显较离心模型试验所得结果大，这主要是因为叠加原理未考虑先前开挖隧道引起的"遮拦"效应及后继隧道的开挖对管周土体剪应变的影响，使得其未能准确地预测管-土相对刚度，致使预测值与试验值有较大差别。结合图 8-10 和图 8-11 分析可知，在对先后施工双隧道开挖对管线弯曲应变的影响进行预测时，应合理考虑后继隧道施工及前期开挖隧道对土体刚度的影响，否则所得结果可能与实际值有较大差别。

第 9 章

地铁盾构双隧道施工对管线影响的预测分析

9.1 引言

解析法作为一种重要的研究手段常被用于隧道开挖对管线影响的研究,但是目前学者的关注点均为单隧道开挖对既有地埋管线的影响,较少关注于双隧道开挖对既有地埋管线的影响。本章首先将本文开展的离心模型试验结果与 Klar 和 Marshall[234] 提出的目前应用较广泛的叠加原理所得结果进行对比。在此基础上,以 Vorster[20] 提出的隧道开挖所致地表沉降曲线为位移荷载,以不同地表沉降模式、不同管线材质、不同管径、不同管线壁厚、管线不同埋深、不同土体参数、不同节点管段长度、节点与地层沉降最大位移点相对位置为变化参数,对不同参数组合情况下双隧道开挖对地埋连续管线和节点管线影响的计算结果进行归一化处理,提出了两种新的适用于连续管线和节点管线的管-土相对刚度计算表达式,得到了管-土相对刚度与管线相对曲率、管-土相对刚度与管线相对沉降、管-土相对刚度与管线节点转角的关系式,最后将预测结果与本文离心模型试验所得结果及目前已报道的相关结果进行对比,以验证所得关系式用于预测双隧道开挖所引起的连续管线弯曲应变、管线沉降和节点管线节点转角的准确性和可靠性。

9.2 双隧道施工所致地层沉降经验公式对比分析

采用解析法对隧道施工对临近地埋管线的影响进行分析时,目前的研究多将隧道施工所致地表沉降作为位移荷载施加于地表。因此,是否能够准确地刻画隧道施工所致地表沉降,将对之后的预测结果产生重大的影响[8]。

目前,Peck[5] 建议的高斯分布曲线常被用于描述隧道施工所致地层沉降。然而,据多位学者分析,高斯分布曲线常不能准确地刻画隧道施工所致地层沉降[8,31,108,234]。据此不少学者提出了多种修正的高斯分布曲线来刻画隧道施工所致地层沉降见表 9-1。

Vorster 等[31] 提出采用下式来描述隧道施工所致地层沉降曲线:

$$S_v(x) = \frac{nS_{max}}{(n-1)+\exp[\alpha(x^2/i^2)]} \tag{9-1}$$

表 9-1 隧道开挖所致地表沉降不同经验公式

来源	经验公式	备注
Peck[5]	$S_v(x) = S_{max} \exp\left(-\dfrac{x^2}{2i^2}\right)$	$S_v(i) = 0.606 S_{max}$
Jacobsz 等[30]	$S_v(x) = S_{max} \exp\left[-\dfrac{1}{3}\left(\dfrac{\|x\|}{i}\right)^{1.5}\right]$	$S_v(i) = 0.717 S_{max}$
Celestino 等[8]	$S_v(x) = \dfrac{S_{max}}{1+(\|x\|/a)^b}$	$i = aB; B = \left(\dfrac{b-1}{b+1}\right)^{1/b}$
Vorster 等[31]	$S_v(x) = \dfrac{nS_{max}}{(n-1)+\exp[\alpha(x^2/i^2)]}$	$n = \exp(\alpha)\dfrac{2\alpha-1}{2\alpha+1}+1$

$$n = \exp(\alpha)\frac{2\alpha-1}{2\alpha+1}+1 \tag{9-2}$$

式中，$S_v(x)$ 为土体的竖向位移；S_{max} 为隧道轴线上方土体最大竖向位移；i 为任意点至地表沉降反弯点之距；n、α 为土体沉降槽形状参数，当 $\alpha = 0.5$，也即 $n = 1$ 时，式（9-1）退化为经典的高斯分布曲线。

Marshall 等[108] 曾采用表 9-1 中的四种地表沉降经验曲线对现场实测所得地表沉降和离心模型试验所得地表沉降进行拟合，对比发现 Vorster 等[31] 提出的修正高斯曲线比其他三种经验曲线更能较好地拟合现场实测和离心模型试验所得地表沉降数据。

Klar 等[234] 曾采用一系列叠加的高斯分布 [式（9-3）] 曲线对 Vorster 等[31] 提出的修正高斯曲线进行拟合，如图 9-1 所示两者能很好地吻合，同时 Suwansawat 等[90] 通过对现场实测数据分析后指出，双隧道施工所致地表沉降曲线可用两组高斯分布曲线进行叠加拟合。由此可知，Vorster 等[31] 提出的修正高斯分布曲线能较好地用于对双隧道施工所致地表沉降的拟合。

$$S_v(x) = \sum_{k=1}^{2} S_{max,k} \exp\left(-\frac{1}{2}\frac{x^2}{i_k^2}\right) = \frac{V_{s,1}}{\sqrt{2\pi}\,i_1}\exp\left(-\frac{1}{2}\frac{x^2}{i_1^2}\right) + \frac{V_{s,2}}{\sqrt{2\pi}\,i_2}\exp\left(-\frac{1}{2}\frac{x^2}{i_2^2}\right) \tag{9-3}$$

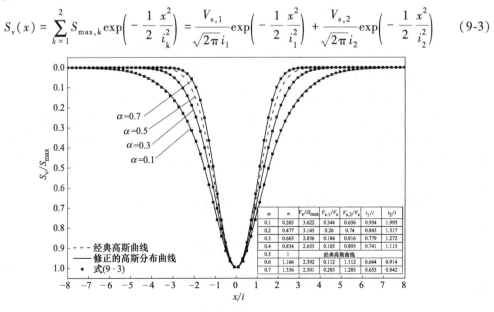

图 9-1 修正的高斯分布曲线和两组高斯分布曲线叠加所得曲线

9.3 管-土相互作用机理

因隧道施工所致管线纵向方向周围土体的差异沉降，使得沿纵向方向发生不同的管土相对位移，根据管线与土体相对位移进行相互作用区域划分，Vorster[4]和Marshall[152]根据离心试验所得结果提出，隧道施工引起的管土相互作用机制主要包括五个区域（图9-2）：不受管线影响区、管线与土体脱离区（管线底部土体的沉降比管线大）、下压区（管线顶部土体的沉降比管线大）、下拉区（管线沉降比管底土体沉降大）、拉伸区（管线与土体因纵向相对位移而产生纵向拉伸）。因此，为了有效地计算隧道施工对邻近地埋管线的影响，需合理地考虑管线纵向方向不同区域的管土相互作用机理，而由以上的分析可知，管土相对位移是引起管线纵向方向不同区域管土相互作用机理迥异的最根本原因。

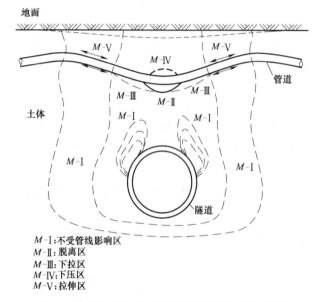

图 9-2 隧道-管道-土体结构相互作用机制示意图

1. 竖向管土相互作用机理

如图9-3所示为管土相对位移向上（图9-3a）和向下（图9-3b）时土体抵抗力与位移的关系曲线。尽管管土相对位移向上及向下时，真实的位移荷载曲线如图9-3中实线所示，但为了实际使用的方便，如图9-3中虚线所示，常将其简化为理想弹塑型模型。图中q_u、q_d分别为管土相对位移向上和向下时土体的最大抵抗力，其值与管土相对位移的大小密切相关。

其中当管线埋置于非黏性土中时，且管土相对位移向上时，土体最大抵抗力值表达式如下[237-240]：

$$q_u = N_{qv}\gamma HD \tag{9-4}$$

当管线埋置于黏性土中时，且管土相对位移向上时，土体最大抵抗力值表达式如下[238-241]：

$$q_u = N_{cv} Dc \tag{9-5}$$

式中，γ 为土体重度；H 为地表至管线中心之距；D 为管线直径；c 为粘聚力；N_{qv}、N_{cv} 为管土相对位移向上和向下时的土体抗力影响系数，其值可由美国土木工程协会（ASCE）指导出版的《油气管道系统抗震设计指南》(Guidelines for the seismic design of oil and gas pipeline systems，文献[239])中的表格获得，也可由式(9-6)和式(9-7)计算。

$$N_{qv} = \left(\frac{\varphi H}{44D}\right) \leqslant N_q \qquad (9\text{-}6)$$

$$N_{cv} = 2\left(\frac{H}{D}\right) \leqslant 10 \qquad (9\text{-}7)$$

式中，φ 为土体峰值内摩擦角；N_q 将于下文介绍。

当管线埋置于非黏性土中时，且管土相对位移向下时，土体最大抵抗力值表达式如下[237-240]：

$$q_d = \gamma H N_q D + \frac{1}{2}\gamma D^2 N_\gamma \qquad (9\text{-}8)$$

当管线埋置于黏性土中时，且管土相对位移向下时，土体最大抵抗力值表达式如下[237-240]：

$$q_d = N_c c D \qquad (9\text{-}9)$$

式中，N_q、N_γ、N_c 为 Vesic[241] 提出的条形基础承载能力系数，其值可由美国土木工程协会（ASCE）指导出版的《油气管道系统抗震设计指南》(Guidelines for the seismic design of oil and gas pipeline systems，文献[240])中的表格获得，也可由式(9-10)~式(9-12)计算。

$$N_q = \exp(\pi\tan\varphi)\tan^2\left(45 + \frac{\varphi}{2}\right) \qquad (9\text{-}10)$$

$$N_\gamma = \exp(0.18\varphi - 2.5) \qquad (9\text{-}11)$$

$$N_c = [\cot(\varphi + 0.001)]\left[\pi\tan(\varphi + 0.001)\tan^2\left(45 + \frac{\varphi + 0.001}{2}\right) - 1\right] \qquad (9\text{-}12)$$

图 9-3 中 δ_{ru}、δ_{rd} 为管土相对位移的阈值，即当管土向上和向下的相对位移超过 δ_{ru}、δ_{rd} 时，土体的抵抗力将分别达到 q_u、q_d。对砂土而言 δ_{ru}、δ_{rd} 的取值范围分别为 $(0.005 \sim 0.015)H$ 和 $(0.1 \sim 0.15)D$，对黏土而言 δ_{ru}、δ_{rd} 的取值范围分别为 $(0.1 \sim 0.2)H$ 和 $(0.1 \sim 0.15)D$。

一般而言，因作用机理的不同，土体抵抗力 q_u、q_d 存在明显的区别。例如，一钢管直

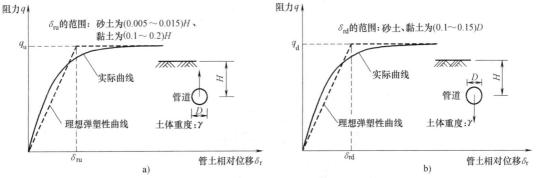

图 9-3 管土相互作用位移荷载曲线
a) 向上的相对位移 b) 向下的相对位移

径 $D=0.165\text{m}$，壁厚 $T=5\text{mm}$，钢管埋置于密实砂土地基中，地表距管线轴线之距 $H=1.58\text{m}$，土体重度 γ 和内摩擦角 φ 分别为 20kN/m^3、$40°$，管线轴线位于地下水位以上，也即管线埋置于干砂中。由式（9-6）、式（9-10）、式（9-11）可得 N_{qv}、N_q、N_γ 分别为 8.7、64.2、109.9。由式（9-4）、式（9-8）可得 q_u、q_d 分别为 45.4kN/m、364.6kN/m，两者之值差别甚大。由之前的分析可知，一般情况下隧道施工所致管线沉降最大值均较管线轴线处土体沉降最大值小，也即该区域内管线相对于土体有向上的相对位移（图 9-2 中 M-II 区），而在此区域之外则存在管线相对于土体有向下的相对位移，所以在计算隧道施工对既有地埋管线的影响时，应合理地考虑土体对不同的管土相对位移的响应，而不能简单地将管周上下土体对管土相对位移的响应等同处理。

2. 轴向管土相互作用机理

以上所述为管-土相对位移向上和向下时，管线的相互作用机理及相应的土体响应关系。如图 9-4 所示为管土发生轴向相对位移时，管土相对位移与土体响应关系图。与前述相同，管土轴向相对位移与土体抵抗力之间的关系也常简化为理想弹塑性模型。图中 q_a 为管-土轴线相对位移达到 δ_{ra} 时土体的最大抵抗力，当管线埋置于砂土中时，δ_{ra} 的取值范围为 2.5~5.0mm，且 q_a 可由式（9-13）计算得到[239]。

$$q_a = \frac{1}{2}\pi D\gamma H(1+K_0)\tan\delta \tag{9-13}$$

式中，K_0 为土体静止侧压力系数；δ 为管-土接触面内摩擦角，其值可由 φ、f 之积值得到，对于不同管线涂层材料，f 的取值见表 9-2。

表 9-2 不同管线涂层材料的 f 取值

管线表层涂层	f	管线表层涂层	f
混凝土	1.0	表面光滑钢管	0.7
煤焦油	0.9	熔结环氧树脂	0.6
表面粗糙钢管	0.8	聚乙烯	0.6

当管线埋置于黏土中时，δ_{ra} 的取值范围为 2.5~10.0mm，且 q_a 可式（9-14）计算得到。

$$q_a = \pi D\alpha c \tag{9-14}$$

式中 α 可由式（9-15）得到。

$$\alpha = 0.608 - 0.123c - \frac{0.274}{c^2+1} + \frac{0.695}{c^3+1} \tag{9-15}$$

式中 c 的单位为 kPa/100。

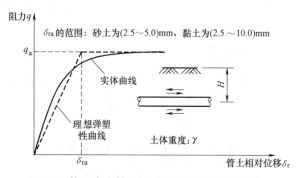

图 9-4 管土发生轴向相对位移时位移荷载曲线

9.4 盾构双隧道施工对连续管线影响的预测分析

从第8章的对比分析可知,合理确定土体当前刚度是准确预测隧道开挖对管线影响的重要前提条件,特别是开展先后施工双隧道开挖对邻近既有管线影响的相关预测工作时,准确地确定管-土相对刚度显得尤为重要,但是因土体刚度随着土体当前应变的变化而变化,而使得其较难准确确定。本节以砂土为研究对象,将一种等效的土体刚度及地层沉降参数合理地融入于管-土相对刚度表达式,使得管-土相对刚度能反应土体当前应变的变化,从而可准确地预测双隧道开挖对既有连续管线及节点管线的影响。

9.4.1 基于连续管-土相互作用机理的分析方法及其验证

如图9-5所示为本章计算所用管土相互作用关系示意图,其中图9-5a中管线垂直方向管土相互作用示意图(采用图9-3中的本构关系进行描述),图9-5b中管线轴向方向管土相互作用示意图(采用图9-4中的本构关系进行描述)。图9-3和图9-4中三种管土相互作用关系均内嵌于管土相互作用单元内(PSI, Pipeline Soil Interaction),计算过程中根据当前管土相对位移采用不同的本构关系。管线受外荷载所产生的内力和变形采用梁单元描述。计算中根据式(9-1)编写DISP子程序,此即为隧道施工所致地表沉降,将其视为外加位移荷载施加于地表(图9-5a)。

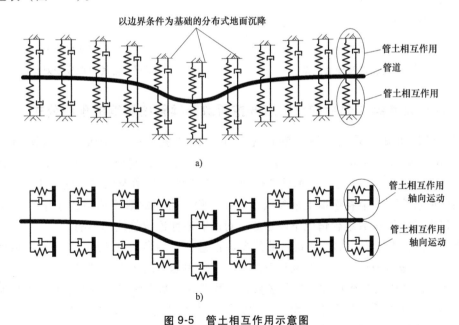

图9-5 管土相互作用示意图
a) 向上及向下管土相对位移 b) 轴线管土相对位移

下面采用此方法对一具体的工程实例进行模拟计算,以验证此种计算方法的可靠性。Takagi等[242]曾对一直径为4.84m的隧道施工对其上覆钢制管线的影响进行现场实测。该工程中隧道埋深为8.35m,管线长、直径、壁厚分别为13.5m、0.165m、5mm。管线弹性模量与泊松比分别为210GPa和0.3。地表至管线顶部之距为1.5m,也即$H=1.58$m。管线与隧道垂直分布，隧道轴线距管线两端之距分别为7.3m和6.2m。据上节计算可得q_u、q_d分别为45.4kN/m，364.6kN/m。δ_{ru}、δ_{rd}分别为$\delta_{ru} = 0.01H = 0.01 \times 1.58m = 0.0158m$，$\delta_{rd} = 0.1D = 0.1 \times 0.165m = 0.0165m$。

采用式（9-1）对现场实测所得地层沉降进行拟合（图9-6），拟合所得曲线能很好地与实测数据吻合，拟合所得$S_{max} = 0.04785m$、$i = 1.6896m$、$\alpha = 0.08818$。图9-6中计算所得管线沉降最大值较地表沉降稍小，可知此工况下管-土相对刚度较小，且管线沉降值最大处管线相对于土体有向上的相对位移，此种现象与之前的分析相符。Takagi 等[242]同时对隧道施工所致管线弯曲应变进行了测量，因隧道轴线距管线两端之距并不相等，从而使得测量和计算所得管线弯曲应变并不对称。从图9-7可以看出计算所得管线弯曲应变与实测所得管线弯曲应变能较好地吻合。

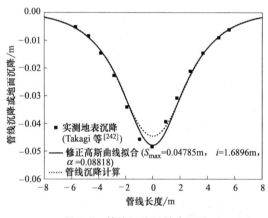

图9-6 管线沉降及地表沉降

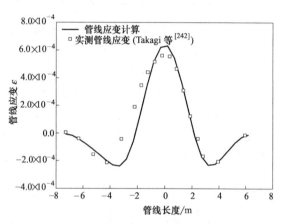

图9-7 管线弯曲应变对比

9.4.2 基于无量纲化分析的双隧道开挖所致连续管线影响的预测公式

由以上讨论可知，采用上述方法仅需给出合理的隧道施工所致地层沉降曲线参数（S_{max}、i、α）、管线尺寸参数[D（直径）、T（壁厚）]、管线材质参数（E、ν）、管线上覆土厚度C、土体参数（γ、φ），即可计算得到较为合理的单隧道及双隧道施工所致管线沉降值及管线弯曲应变。本节将选取上述参数在实际工程中常用的取值范围，进行多达8640次的计算，以得到不同参数组合情况下隧道施工对既有地埋连续管线的影响。

表9-3为计算中所采用的地层沉降曲线参数汇总，三种参数（S_{max}、i、α）的取值范围基本包括了目前城市地铁单隧道及临近双隧道施工所引起的地表沉降的各种工况。表9-4和表9-5列出了计算所用管线尺寸、材质参数，参数的取值基本涵盖了目前市政工程中常用的市政管线的尺寸及材质。计算中共设置三种管线上覆土厚度（C），即1.2m、2.4m、4.0m。表9-6列出了计算所选取的三种密实状态的砂土参数。

表9-3 地层沉降曲线参数汇总

S_{max}/m	i/m	α
0.025	6	0.1
0.075	9	0.6
0.150	12	1.2
0.300	15	1.8

表 9-4 管线尺寸参数汇总

管线尺寸	管1	管2	管3	管4	管5
直径 D/m	0.27	0.61	1.02	1.51	2.01
壁厚 T/mm	6	10	26	52	95

表 9-5 管线材质参数汇总

管线材质	弹性模量/GPa	泊松比
混凝土	35	0.3
铸铁	84	0.3
钢材	210	0.3

表 9-6 土体参数汇总[243]

土体参数	松砂	中密砂	密实砂
摩擦角 φ/(°)	30.0	35.0	40
重度 γ/(kN/m³)	16.0	17.5	19.0

当研究隧道施工对临近管线的影响时,合理地考虑当前管-土相对刚度对准确评估管线变形及内力有着重要的意义,管-土相对刚度也是本文前几章论述中重要关注点。

1) Vorster[4] 在其博士论文中也指出,设计中如何准确地计算管-土相对刚度,对理解隧道施工对管线的影响有着重要作用,且管-土相对刚度也是贯穿于其论文的重要讨论点。

2) 对于管-土相对刚度,Poulos[244] 给出的定义式为 $R = \dfrac{E_p I_p}{E_s L_p^4}$,式中 $E_p I_p$ 为管线抗弯刚度;E_s 为土体弹性模量;L_p 为管线长度。

3) Randolph[245] 采用了相似的定义方式,仅将式中管线长度替换为管线直径。Vorster[4] 给出的定义式为 $R = \dfrac{E_p I_p}{E_s r_0 i^3}$;$r_0$ 为管线外半径;i 为高斯分布曲线中地表沉降最大点至反弯点之距。

4) Saiyar 等[246] 对地层正断层活动对不同刚度管线的影响进行了研究,其对管-土相对刚度的定义式为 $R = \dfrac{E_p I_p}{E_s I_s}$,式中 I_s 为与管线尺寸相同的土柱的惯性矩,当管线为实心时,管-土相对刚度可简化为 $R = \dfrac{E_p}{E_s}$。上述四种管-土相对刚度的定义式中均包含有土体弹性模量 E_s,而土体的弹性模量往往难以确定,而在实际工程中的地勘报告中常给出土体的压缩模量和变形模量。从而使得上述四种管-土相对刚度的定义式较难推广至实际工程。

5) 为了克服以上管-土相对刚度定义式的缺点,Wang 等[243] 提出了新的无量纲的管土相对刚度定义式为 $R = \dfrac{E_p I_p}{K_u^{0.9} K_d^{0.1} i^4} \cdot \left(\dfrac{S_{\max}}{i}\right)^{0.5}$,式中用土体等效弹性模量 $E_{ep} = K_u^{0.9} K_d^{0.1}$ 来代替土体弹性模量 E_s,且同时考虑了地表沉降最大值 $S_{\max}$ 及参数 i 对管土相对刚度的影响,其中 K_u、K_d 的计算公式如下:

$$K_u = \frac{q_u}{\delta_{ru}} \tag{9-16}$$

$$K_d = \frac{q_d}{\delta_{rd}} \tag{9-17}$$

其值即为图 9-3 中斜线的斜率。

本章在 Wang 等[243] 提出的管-土相对刚度的基础上，同时考虑了式（9-1）中参数 α、n 对管土相对刚度的影响，提出了新的管-土相对刚度表示式如下：

$$R = \frac{E_p I_p}{K_u^{0.9} K_d^{0.1} \left[\left(\sqrt{\frac{n}{2\alpha}}\right)i\right]^4} \cdot \left[\frac{S_{max}}{\left(\sqrt{\frac{n}{2\alpha}}\right)i}\right]^{0.25} \tag{9-18}$$

同时本章还给出了管线相对曲率的定义式（$\kappa_{pmax}/\kappa_{gmax}$），其中 κ_{pmax}、κ_{gmax} 为管线最大曲率和由地层沉降曲线所得最大曲率，κ_{pmax} 的表达式如下：

$$\kappa_{pmax} = \frac{M_{max}}{E_p I_p} \tag{9-19}$$

式中，M_{max} 为管线最大弯矩。由式（9-19）可得管线的最大弯曲应变。

$$\varepsilon_{pmax} = \frac{D}{2}\kappa_{pmax} \tag{9-20}$$

对式（9-1）求二阶导：

$$k = \frac{dS_v(x)}{dx} = \frac{-2n}{\left[(n-1)+\exp\left(\alpha\frac{x^2}{i^2}\right)\right]^2} \cdot \frac{\alpha S_{max}\left(\alpha\frac{x^2}{i^2}\right)}{i^2} \tag{9-21}$$

$$\kappa = \frac{d^2 S_v(x)}{dx^2} = \frac{2n}{\left[(n-1)+\exp\left(\alpha\frac{x^2}{i^2}\right)\right]^2} \cdot \frac{\alpha S_{max}\left(\alpha\frac{x^2}{i^2}\right)}{i^2} \cdot \left[\frac{-4\alpha\frac{x^2}{i^2}}{(n-1)+\exp\left(\alpha\frac{x^2}{i^2}\right)} - 2\alpha\frac{x^2}{i^2} - 1\right] \tag{9-22}$$

当 $x=0$ 时，$\kappa_{gmax} = \frac{2\alpha}{n} \cdot \frac{S_{max}}{i^2}$。则 $\kappa_{pmax}/\kappa_{gmax}$ 的表达式如下：

$$\frac{\kappa_{pmax}}{\kappa_{gmax}} = \frac{\varepsilon_{pmax} n i^2}{D\alpha S_{max}} \tag{9-23}$$

由图 9-3 可知，当管土相对位移小于 δ_{ru} 时，则土体的响应处于弹性状态，当管土相对位移大于 δ_{ru} 时，土体的响应即进入塑性状态。图 9-8 统计了全部 8640 种参数组合情况下管土最大相对位移与 δ_{ru} 之比值的分布情况，由图可知，40%的工况中土体响应已进入塑性阶段，因此文章所计算的工况较好地涵盖了土体弹性响应状态和塑性响应状态下的管土相互作用。

图 9-9 为管-土相对刚度与管线相对曲率的关系图，当管-土相对刚度小于 10^{-4} 时，管线力学行为与柔性管相似，即管线的变形几乎与土体的变形接近，而随着管-土相对刚度的增

大，管线力学行为逐渐向刚性方向发展。且由图 9-9 可知，本章所提出的管-土相对刚度表达式及相对曲率表达式较为合理，且他们能较好地应用于对本章计算结果的归一化处理。采用回归分析的方法对所有计算结果进行拟合分析，图 9-9 中粗实线即为所得方程曲线，其表达式如下：

$$y = \frac{1}{12.49x^{0.73} + 1.02} \tag{9-24}$$

式中，$x = \{E_p I_p / \{K_u^{0.9} K_d^{0.1} [(n/2\alpha)^{0.5} i]^4\}\} [S_{max}/(n/2\alpha)^{0.5} i]^{0.25}$，$y = \kappa_{pmax}/\kappa_{gmax}$。

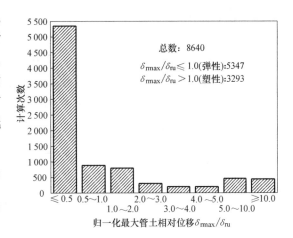

图 9-8 管土相对位移统计

图 9-9 中同时给出了置信区间为 ±90% 的拟合曲线，其表达式如下：

上限

$$y = \frac{1}{5.78x^{0.73} + 1.02} \tag{9-25}$$

下限

$$y = \frac{1}{26.11x^{0.73} + 1.02} \tag{9-26}$$

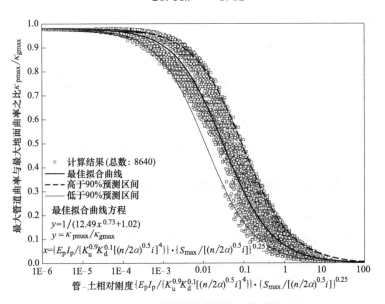

图 9-9 管-土相对刚度与管线相对曲率关系图

图 9-10 为管-土相对刚度与管线相对沉降关系图，当管-土相对刚度小于 10^{-2} 时，管线最大沉降几乎与地表最大沉降相等，而随着管-土相对刚度的增大，管线最大沉降量与地表最大沉降量之比逐渐减小，此变化规律与管线相对曲率随管-土相对刚度的变化而变化的趋势相似。同样采用回归分析的方法对所有计算结果进行拟合分析，图 9-10 中粗实线即为所

得方程曲线，其表达式如下：

$$y = \frac{1}{2.09x^{0.74}+1.0} \quad (9\text{-}27)$$

式中，$x = \{E_p I_p / \{K_u^{0.9} K_d^{0.1} [(n/2\alpha)^{0.5} i]^4\}\} \{S_{max}/[(n/2\alpha)^{0.5} i]\}^{0.25}$，$y = S_{pmax}/S_{gmax}$。

图9-10中同时给出了置信区间为±90%的拟合曲线，其表达式如下：

上限

$$y = \frac{1}{0.98x^{0.65}+1.0} \quad (9\text{-}28)$$

下限

$$y = \frac{1}{5.18x^{0.84}+1.0} \quad (9\text{-}29)$$

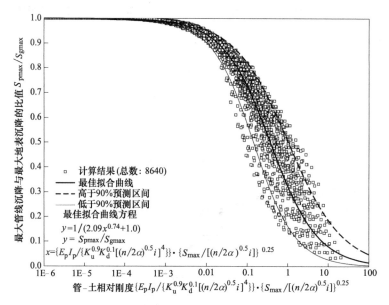

图9-10 管-土相对刚度与管线相对沉降关系图

9.4.3 预测公式的可靠性及连续管线评价准则

1. 预测公式可靠性分析

按照以上所提出的两组隧道施工对管线变形及内力影响的预测公式，并结合本书所开展的四组离心模型试验结果及其他已报道的相关数据，以此来验证预测公式的可靠性。

Jaky[177]提出了估算土体静止侧压力系数的经验公式：

$$K_0 = 1 - \sin\varphi_{cr}' \quad (9\text{-}30)$$

式中φ_{cr}'为土体临界状态内摩擦角。Toyoura sand 的临界状态内摩擦角为30°，则K_0为0.5。四组离心模型试验中管线轴线距地表之距为5.7525m，则管线轴线处土体的平均有效应力为59.4kPa（试验1、试验3、试验4）和59.1kPa（试验2）。Bolton[178]提出了计算土体峰值内摩擦角的经验公式：

$$I_R = D_r(10 - \ln p') - 1 \quad (9\text{-}31)$$

$$\varphi_{\max}-\varphi_{c}'=3I_{R} \tag{9-32}$$

式中，p'为平均有效应力；D_r为土体相对密度。结合表9-7四组试验中土体相关参数，根据式（9-32）可得土体的峰值内摩擦角为40.48°（试验1、试验3、试验4）和40.06°（试验2）。四组试验的其他计算参数见表9-8。

表9-7 四组试验模型制备完成后砂层材料参数

试验代号	e	初始密度/(kg/m³)	初始相对密度(%)
试验1	0.711	1549	70
试验2	0.719	1542	68
试验3	0.711	1549	70
试验4	0.711	1549	70

表9-8 四组试验计算参数汇总

代号	$S_{\max}$/mm	i/m	α	$\kappa_{p\max}/\kappa_{g\max}$	K_u/MPa	K_d/MPa	$\{E_pI_p/\{K_u^{0.9}K_d^{0.1}[(n/2\alpha)^{0.5}i]^4\}\}/\{S_{\max}/[(n/2\alpha)^{0.5}i]\}^{0.25}$	$S_{p\max}/S_{g\max}$
试验1（单隧道）	35.0	7.94	0.667	0.253	8.22	80.21	0.135	0.669
试验1（双隧道）	52.9	9.02	0.524	0.265	8.08	73.84	0.081	0.832
试验2（单隧道）	50.3	6.01	0.690	0.131	8.22	80.21	0.500	0.695
试验2（双隧道）	89.4	8.26	0.675	0.161	8.22	80.21	0.148	0.674
试验3（双隧道）	67.3	7.65	0.519	0.242	8.22	80.21	0.087	0.773
试验4（双隧道）	70.3	7.43	0.426	0.176	8.22	80.21	0.183	0.691

Marshall[152]曾采用离心模型试验对隧道施工所致不同地层损失率工况下不同刚度管线的变形及内力影响进行研究。试验中所用管线相关参数及离心模型试验工况描述见表9-9和表9-10。其他参数如图9-11所示，离心加速度为$75g$，所用土体为Leighton Buzzard Fraction E硅砂，该砂土的临界状态内摩擦角为32°，模型制备完成后土体的重度为15.65kN/m³，相对密度为91%，根据式（9-31）和式（9-32）可得管线埋深处土体的峰值内摩擦角为45.12°。有关此试验的详细描述可参考Marshall[152]。三组试验中地层损失率分别为0.5%、1.0%、2.0%、4.0%，离心模型试验工况计算参数见表9-10。

表9-9 Marshall[152] 离心模型试验所用管线参数

代号	材质	截面形状	截面宽度/直径/mm	壁厚/mm	弹性模量 E_p/MPa	刚度 E_pI_p/(N·m²)
Pipe1	铝管	方形	19.05	1.63	70	2.56×10^{10}
Pipe2	铝管	管形	19.06	6.23	70	7.54×10^{9}
Pipe3	塑料管	管形	16.00	0.26	2.9	2.04×10^{8}

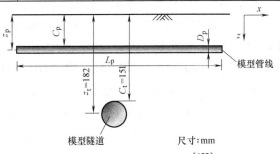

图9-11 离心试验示意图[152]

表 9-10 离心模型试验工况[152]

代号	C_t/D_t	D_p	L_p	C_p	z_p	z_t/z_p
TunPipe1	2.44	19.05	700	64	74	2.48
TunPipe2	2.44	19.06	700	60	70	2.62
TunPipe3	2.44	16.0	700	64	72	5.53

表 9-11 离心模型试验计算参数汇总[247]

代号	S_{max}/mm	i/m	α	$\kappa_{pmax}/\kappa_{gmax}$	K_u/MPa	K_d/MPa	$\{E_pI_p/\{K_u^{0.9}K_d^{0.1}[(n/2\alpha)^{0.5}i]^4\}\}$ $[S_{max}/(n/2\alpha)^{0.5}i]^{0.25}$	S_{pmax}/S_{gmax}
TunPipe1(0.5%)	5.5	7.75	0.587	0.304	17.76	149.82	0.05560	0.78429
TunPipe1(1.0%)	13.3	5.50	0.311	0.224	17.76	149.82	0.23228	0.57485
TunPipe1(2.0%)	25.0	4.39	0.066	0.143	17.76	149.82	0.44059	0.48315
TunPipe1(4.0%)	32.8	3.80	0.051	0.090	17.76	149.82	0.84092	0.34895
TunPipe2(0.5%)	5.5	7.75	0.587	0.432	16.80	143.40	0.01729	0.88339
TunPipe2(1.0%)	13.3	5.50	0.311	0.365	16.80	143.40	0.03552	0.82340
TunPipe2(2.0%)	25.0	4.39	0.066	0.234	16.80	143.40	0.13702	0.62913
TunPipe2(4.0%)	32.8	3.80	0.051	0.196	16.80	143.40	0.26152	0.52575
TunPipe3(0.5%)	5.5	7.75	0.587	0.940	17.28	141.67	4.56631E-4	0.99594
TunPipe3(1.0%)	13.3	5.50	0.311	0.900	17.28	141.67	9.37974E-4	0.98096
TunPipe3(2.0%)	25.0	4.39	0.066	0.785	17.28	141.67	0.00362	0.96090
TunPipe3(4.0%)	32.8	3.80	0.051	0.711	17.28	141.67	0.00691	0.95091

注：TunPipe1（0.5%）表示 TunPipe1 试验工况中隧道开挖所致地层损失率为 0.5%。

如图 9-12 所示为计算结果与已报道的现场实测及离心模型试验结果对比图，从该图中可知，随着地层损失率的逐渐增大，计算所得管-土相对刚度逐渐增大，其变化规律与之前分析的土体刚度变化规律相同，即隧道地层损失率的增大，管周土体的剪应变逐渐增大，则土体的刚度逐渐减小，在假设管线抗弯刚度不变的情况下，管-土相对刚度则逐渐增大。随着管线刚度的逐渐增大，管线相对弯曲应变与管线相对沉降逐渐减小，也即管线力学行为逐渐由柔性状态向刚性状态转变，这也说明，在对隧道施工对管线的影响进行分析时，不能简单地将自由场地层位移施加于管线上，应合理地考虑管-土相对刚度对计算结果的影响。本章所提出的用于预测隧道施工对管线弯曲应变和管线沉降影响的计算公式，其预测范围能较好地和现场实测及离心模型试验结果吻合。

本章所提计算公式不仅能用于计算单隧道施工所致管线弯曲应变及沉降值，且能用于计算双隧道施工所致管线弯曲应变及沉降值。如假设一直径为 0.65m，壁厚为 12mm 的钢管，管线弹性模量为 210GPa，管线的抗弯刚度为 25.71GPa，管线轴线至地表之距为 1.2m。隧道施工所致地层沉降参数为 $S_{max}=0.025$m、$\alpha=0.35$、$i=6.5$m，土体峰值内摩擦角为 35°，重度为 19kN/m³，则 $\delta_{ru}=0.01$，$H=0.012$m、$\delta_{rd}=0.1D=0.065$m，q_u、q_d 分别为 21.8kN/m 和 67.3kN/m。据式（9-16）、式（9-17）可得 K_u、K_d 分别为 1.81MPa 和 10.35MPa，则管-土相对刚度 $\{E_pI_p/\{K_u^{0.9}K_d^{0.1}[(n/2\alpha)^{0.5}i]^4\}\}[S_{max}/(n/2\alpha)^{0.5}i]^{0.25}=0.0144$，由式（9-24）得 $\kappa_{pmax}/\kappa_{gmax}=0.63$，$\kappa_{pmax}=5.526\times10^{-4}$，$\kappa_{gmax}=5.526\times10^{-4}\times0.63=3.488\times10^{-4}$，

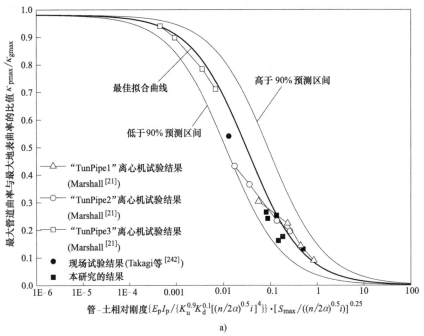

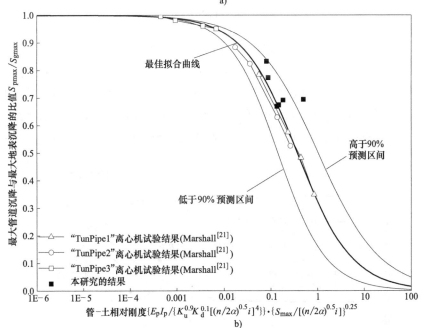

图 9-12 计算结果与现场实测及离心模型试验结果对比
a) 管-土相对刚度与管线相对曲率　b) 管-土相对刚度与管线相对沉降

则 $\varepsilon_{pmax} = 3.488 \times 10^{-4} \times 0.65/2 = 1.133 \times 10^{-4} \varepsilon$。由式（9-27）可得 $S_{pmax}/S_{gmax} = 0.402$，则 $S_{pmax} = 0.402 \times 0.025\text{m} = 0.01\text{m}$。

2. 连续管线安全性评价准则

在较多的现行规范中，管线的最大允许弯曲应变 $\varepsilon_{pallowable}$ 常被用于直接评价隧道施工对管线的影响程度。而管线的最大允许弯曲应变受较多因素的影响，如隧道施工前管线的腐蚀程度、管线受荷条件、管线种类等。铸铁及钢常被用于连续管线的制作材料，这种材料的屈服应变一般均大于 $400\mu\varepsilon$[248]，在设计工作中所用的允许弯曲应变 $\varepsilon_{\text{pallowable}}$ 常大于屈服应变。此处假设 $\varepsilon_{\text{pallowable}} = 800\mu\varepsilon$ 和 $400\mu\varepsilon$，则 κ_{gmax} 表达式如下：

$$\kappa_{\text{gmax}} = \frac{2}{D}\varepsilon_{\text{pallowable}} \tag{9-33}$$

将其代入式（9-24）可得：

$$\frac{\varepsilon_{\text{pallowable}}}{\kappa_{\text{gmax}}(D/2)} = \frac{1}{12.49x^{0.73}+1} \tag{9-34}$$

式（9-34）可写为

$$\frac{S_{\max}}{i^2}\frac{D}{2}\frac{2\alpha}{n} = (12.49x^{0.73}+1.02)\varepsilon_{\text{pallowable}} \tag{9-35}$$

同样的，式（9-25）、式（9-26）可写为

$$\frac{S_{\max}}{i^2}\frac{D}{2}\frac{2\alpha}{n} = (5.78x^{0.73}+1.02)\varepsilon_{\text{pallowable}} \tag{9-36}$$

$$\frac{S_{\max}}{i^2}\frac{D}{2}\frac{2\alpha}{n} = (26.11x^{0.73}+1.02)\varepsilon_{\text{pallowable}} \tag{9-37}$$

如图 9-13a 为管-土相对刚度与管线最大允许应变的关系图，当管-土相对刚度较小时，管线的变形几乎与地层变形重合，随着管-土相对刚度的增大，管线逐渐由柔性管向刚性管转变。当 $\varepsilon_{\text{pallowable}} = 800\mu\varepsilon$ 时（图 9-13a），所给出的试验结果及现场实测结果仅有一个位于不安全区域，而当 $\varepsilon_{\text{pallowable}} = 400\mu\varepsilon$ 时（图 9-13b），所给出的试验结果及现场实测结果则有三组数据位于不安全区域，从 Marshall[152] 的 12 组试验结果可知，随着地层损失率的增大，

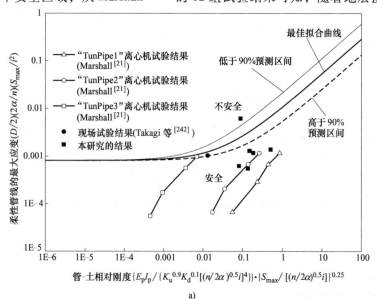

图 9-13 隧道施工对管线影响的评价准则

a) 允许应变为 $800\mu\varepsilon$ 时

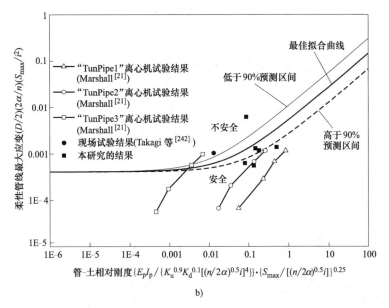

图 9-13 隧道施工对管线影响的评价准则（续）
b) 允许应变为 400$\mu\varepsilon$ 时

受隧道施工影响的管线的工作状态逐渐趋于不安全，且在其他条件相同的工况下，柔性管线较刚性管线更趋于不安全状态。在已知管线的基本参数（D、T）、管线的材质和埋深（E、H）、土体的基本参数（γ、φ）、隧道施工所致地层沉降参数（S_{max}、α、i）的情况下，图 9-13 可直接用于单隧道及双隧道施工对既有地埋管线安全性影响的评价分析工作。

9.5 盾构双隧道施工对节点管线影响的预测分析

9.5.1 基于节点管-土相互作用机理的分析方法及其验证

本节计算中所用地表沉降曲线及管土的相互作用机理及相应的土体响应关系与 9.2 节相同，故不再赘述。如图 9-14 所示为本章计算所用管土相互作用关系示意图，其中图 9-14a 和图 9-14c 中管线垂直方向管土相互作用示意图采用图 9-3 中的本构关系进行描述；图 9-14b 和图 9-14d 中管线轴向方向管土相互作用示意图采用图 9-4 中的本构关系进行描述。

虽然实际工程中大都采用分段的管线而非连续管线，但是根据管线不同连接方式和节点的力学行为可以将管线分为连续管线和节点管线。Attewell 等[188]曾指出，当管线节点连接方式采用焊接、法兰连接和精致镗孔连接时，管线可视为连续管线，对于管线节点采用这种连接方式连接时，隧道施工所致管线最大弯曲应变应作为主要的设计参考标准，而非隧道施工所致管线最大转角，且能使用 9.4 节所述分析方法和所提出的预测公式对隧道施工所致此类管线的最大弯曲应变进行估算。当管线节点连接方式采用橡胶垫推进式、螺栓-密封圆和橡胶密封圈等材料连接时，管线可视为节点管线，对于这种柔性节点管线，因其具有明显弱化弯矩传递的特点，Attewell 等[188]建议采用铰链模型来对这种节点的力学行为进行模拟。当管线节点采用这种连接方式连接时，隧道施工所致管线最大转角应作为主要的设计参考标

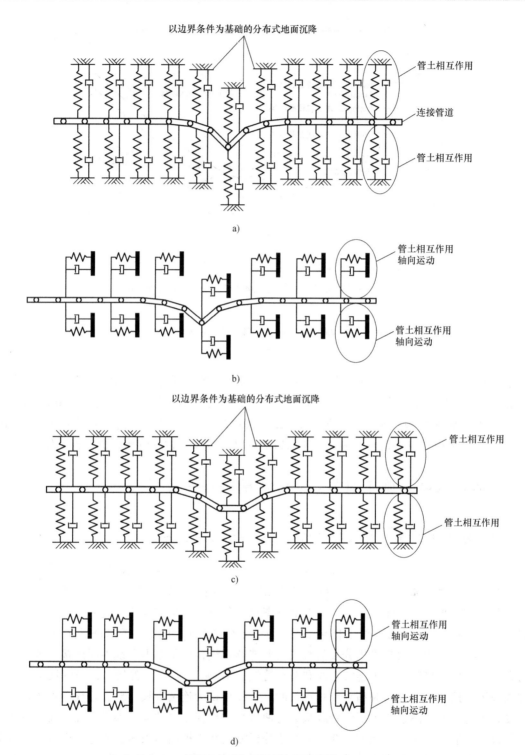

图 9-14 管土相互作用示意图

a) 向上及向下管土相对位移 (最大位移位于节点正下方) b) 轴线管土相对位移 (最大位移位于节点正下方) c) 向上及向下管土相对位移 (最大位移位于管段中点正下方) d) 向上及向下管土相对位移 (最大位移位于管段中点正下方)

准,而非隧道施工所致管线最大弯曲应变[249,250]。Molnar 等[250] 曾建议铸铁节点管线发生过度渗漏时的允许转角及破坏转角分别为 0.275°和 0.54°~0.92°。然而,较多的学者通过试验发现,节点管线的力学较铰链模型所能体现的力学行为更为复杂[250-254]。譬如,铰链模型能限制管线的轴向位移并传递轴向应变,这与实际工程中多数管线的力学行为并不相符,但是,对于本章而言,主要研究的是双隧道施工所致节点管线的转角而非轴向行为,因此,本章将采用铰链模型来模拟管线节点的力学行为。

下面采用此方法对 Vorster[4] 开展的两组离心模型试验进行模拟计算,以验证此种计算方法的可靠性。以下描述中所涉及的尺寸未经特殊说明均为模型所对应实际尺寸。两组试验中,一组隧道轴线位于管线节点正下方(J1),一组隧道轴线位于管段中点正下方(J2)。试验选用的离心加速度为 $75g$,所采用的管线直径、壁厚、地表至管线轴线之距换算为实际尺寸分别为 1.19m、0.09m、4.165m,则 $C_p/D_p = 3.0$。模型隧道直径及地表至隧道拱顶之距换算为实际尺寸分别为 4.5m 和 9.0m,则 $C_T/D_T = 2.0$。节点管线管段由铝管制成,所用铝材的弹性模量为 70GPa,管线节点用 PVC 材料制成,所用 PVC 材料的弹性模量为 0.006~0.02GPa,均值为 0.011 GPa。管线节点由 PVC 材料粘结而成,相邻两管段之间留存有 1.5~2.0mm(模型尺寸)的间隙,以允许管线发生转动。模型管线管段所对应实际管段的抗弯刚度($E_p I_p$)和抗拉刚度($E_p A_p$)分别为 3363m^4 和 22116MN,模型管线节点处所对应实际节点的抗弯刚度($E_j I_j$)和抗拉刚度($E_j A_j$)分别为 0.239m^4 和 2.636MN,则管线节点处的抗弯刚度和抗拉刚度约为管段抗弯刚度和抗拉刚度的 0.007% 和 0.012%,因此,相对管段而言,管线节点的抗弯刚度及抗拉刚度可以忽略不计。模型管线共由 9 个管段和 8 个节点组成,每个管段的长度为 5.34m,管线总长度为 52.4m。如图 9-15 所示为节点转角变形的示意图,在本试验准备阶段每个管段端头均粘贴有 LVDT 伸长杆,已测量试验过程中各管段端头的竖向位移,则据此测量值和相邻两测点之距即可得到管线节点的转角值(θ),其表达式如下:

$$\theta = \theta_1 + \theta_2 \tag{9-38}$$

$$\theta_1 = \arctan\left(\frac{S_{p1} - S_{p2}}{x_1 - x_2}\right), \quad \theta_2 = \arctan\left(\frac{S_{p3} - S_{p4}}{x_3 - x_4}\right) \tag{9-39}$$

式中,$S_{p1}-S_{p2}$、$S_{p3}-S_{p4}$ 为相邻两测点沉降差;x_1-x_2、x_3-x_4 为相邻两测点之距。

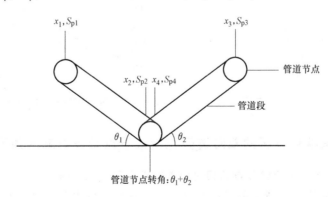

图 9-15 节点管线的节点转角变形示意图

两组试验所用土体均为干砂(Leighton Buzzard Fraction E 硅砂),模型制备完成后土层的平均密度为 15.75kN/m³，则土层的相对密度为 91%，此种砂的临界状态内摩擦角为 32°。根据 Jaky[177] 提出的经验公式，即式（9-30）可得土层的静止侧压力系数为 0.47，则管线轴线处土体的平均有效应力为 42.42kPa。由 Bolton[178] 提出的经验公式，即式（9-31）可得相对膨胀系数 I_R 为 4.69，由式（9-32）可得管线轴线处土体的膨胀角为 14.07°（$3I_R$），相应的土体的峰值内摩擦角为 46.07°。由前述可知试验中地表至管线轴线之距与管线直径之比为 3.5，结合土体的峰值内摩擦角，由式（9-6）、式（9-10）、式（9-11）可得 N_{qv}、N_q、N_γ 分别为 3.66、160.33、327.86。管土向上及向下的相对位移分别取为 $\xi_{ru} = 0.01H = 41.65$mm 和 $\xi_{rd} = 0.01D_p = 119$mm。

在本试验过程中，隧道施工采用定量抽取模型隧道液体的方法来模拟隧道施工所致体积损失，当体积损失小于 6% 时，水体抽取速度为 0.3%/min，当体积损失大于 6% 且小于 10% 时，水体抽取速度为 0.7%/min。通过一系列离心试验结果进行分析，Vorster[4] 提出了隧道自身体积损失率与因隧道施工所致土体的体积损失率之间的关系。如图 9-16 所示，当隧道自身体积损失分别为 1% 和 2% 时，由管线轴线处测量数据所得体积损失分别为 1.8% 和 3.3%，并由式（9-1）对测量数据进行拟合。当地层体积损失率为 1.8% 时，拟合所得 $S_{max} = 18.79$mm、$i = 3.15$m、$\alpha = 0.051$，当地层体积损失率为 3.3% 时，拟合所得 $S_{max} = 49.23$mm、$i = 1.96$m、$\alpha = 0.011$。

如图 9-17 为计算所得管线节点最大转角与离心模型试验测量所得节点最大转角的对比图。无论隧道轴线位于节点正下方还是管段中点正下方，管线节点的最大转角均随着地层损失率的增大而增大，由此可知，管线节点的转角对地层损失率这一变化参数较为敏感。四种工况下计算所得管线节点的最大值均较实测值稍小，但是两者基本吻合，由此说明本章所用计算方法能应用于计算隧道施工所引起的节点管线的大小。

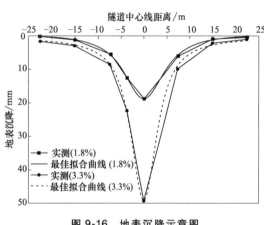

图 9-16　地表沉降示意图

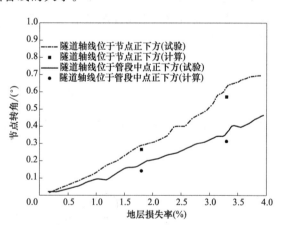

图 9-17　计算所得管线节点最大转角与试验测量值对比图

9.5.2　基于无量纲化分析的双隧道开挖所致节点管线影响的预测公式

1. 地层最大位移点与管线节点的相对位置对节点管线的影响

实际工程中双隧道施工所致地层最大位移点可能与管线节点之间有着不同的相对距离，因此有必要对两者之间不同的相对位置对节点管线的变形和内力的影响进行分析，以此确定两者之间的相对位置为何种状态下，双隧道施工对节点管线的影响最大或者最小。

第9章 地铁盾构双隧道施工对管线影响的预测分析

为了对以上问题进行研究，选取管段长度 L_s 分别为 4.8m 和 7.2m，直径 D_p 分别为 0.14m 和 0.51m 的四种管线进行计算分析，四种管线的总长均为 240m，地表至管线顶部之距均为 1.2m，管线埋置于松砂中，砂土的内摩擦角和重度分别为 30° 和 16kN/m³。管土向上及向下的相对位移分别取为，$\xi_{ru} = 0.01H$ 和 $\xi_{rd} = 0.01D_p$。

图 9-18 所示为地层最大位移点与管线节点的相对位置对节点管线的影响，图 9-18 中参数 d 为地层最大位移点与管段中点之间的水平间距。图 9-18a 所示为地层最大位移点与管线

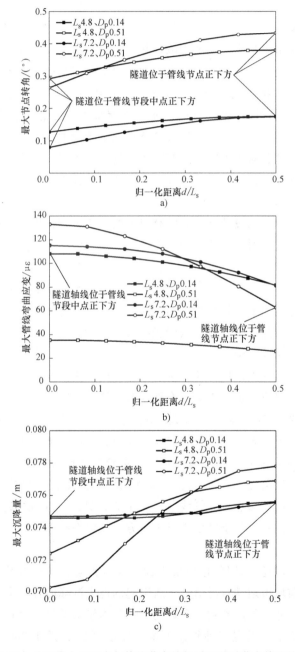

图 9-18 地层最大位移点与管线节点的相对位置对节点管线的影响
a) 对管线节点转角的影响　b) 对管线最大弯曲应变的影响　c) 对管线最大竖向位移的影响

节点的相对位置对节点管线最大转角的影响,当地层最大位移点位于管段中点正下方时节点最大转角最小,随着两者之间的相对水平间距逐渐减小,节点转角最大值逐渐增大,当地层最大位移点位于节点正下方时节点转角最大。由此可知,当地层最大位移点分别位于管段中点和节点正下方时,双隧道施工所致节点最大转角值为所有工况的上下限值。由图9-18a还可知,管线直径对管线节点最大转角的影响较大,也即管-土相对刚度对节点最大转角的影响较大,有关管-土相对刚度对管线节点最大转角的影响将在下一节继续涉及。

图9-18b所示为地层最大位移点与管线节点的相对位置对节点管线最大弯曲应变的影响,与两者相对位置对节点最大转角的影响趋势相反,当地层最大位移点位于管段中点正下方时,管线最大弯曲应变最大,随着两者之间的相对水平间距逐渐减小,管线最大弯曲应变逐渐增大,当地层最大位移点位于节点正下方时,管线最大弯曲应变最小,此变化规律与 Klar 等[183]计算所得结果相符。图9-18c所示为地层最大位移点与管线节点的相对位置对节点管线最大竖向位移的影响,当地层最大位移点位于管段中点正下方时,管线最大竖向位移最小,随着两者之间的相对水平间距逐渐减小,管线最大竖向位移逐渐增大,但是地层最大位移点与管线节点的相对位置对管线最大竖向位移影响较小,最大竖向位移与最小竖向位移之差仅约为最小位移值的 7.5%。

参照目前有关节点管线的设计标准并结合以上的分析可知,当地层最大竖向位移点位于节点正下方时,双隧道施工对节点管线的影响最大,当地层最大竖向位移点位于管段中点正下方时,双隧道施工对节点管线的影响最小,虽然前者工况下双隧道施工所致管段最大弯曲应变小于后者,但是前者工况下双隧道施工所致节点的最大转角值最大,结合目前节点管线设计时所采用的参考标准以节点转角为主而以管段弯曲应变为辅,所以当地层最大竖向位移点位于节点正下方时,双隧道施工对节点管线的影响最大。

2. 参数确定及无量纲化分析

选取双隧道施工所致最大地层位移分别位于管段中点正下方和管线节点正下方两种界限状态,以此分析多种工况双隧道施工对既有地埋节点管线的影响。由以上分析可知,仅需给出合理的隧道施工所致地层沉降曲线参数(S_{max}、i、α)、管线尺寸参数[D(直径)、T(壁厚)]、管线材质参数(E、ν)、管段长度(L_s)、管线上覆土厚度 C、土体参数(γ、φ),即可计算得到较为合理的双隧道施工所致节点管线的最大转角。本节将选取上述参数在实际工程中常用的取值范围,进行多达7776次的计算,其中3888次参数组合情况中双隧道施工所致地层最大竖向位移点位于管线节点正下方,另外3888次参数组合情况中双隧道施工所致地层最大竖向位移点位于管段中点正下方,从而得到不同情况下双隧道施工所致既有节点管线的最大转角预测公式。

表9-12所列为计算中所采用的地层沉降曲线参数汇总,三种参数(S_{max}、i、α)的取值范围基本包括了目前城市地铁双隧道施工所引起的地表沉降的各种工况。表9-13、表9-14列出了计算所用管线尺寸、材质参数,参数的取值基本涵盖了目前市政工程中常用的市政管线的尺寸及材质。计算中共设置三种管线上覆土厚度(C),即 1.2m、2.4m、4.0m,同时共设置了四种管段长度(L_s),2.4m、4.8m、7.2m、9.6m。表9-15列出了计算所选取的三种密实状态的砂土参数。

表 9-12 地层沉降曲线参数汇总

S_{max}/m	i/m	α
0.025~0.3	2~12	0.1~1.8

表 9-13 管线尺寸参数汇总

管线尺寸	管1	管2	管3	管4	管5
直径 D/m	0.14	0.51	0.81	1.02	1.31
壁厚 T/mm	6	10	13	26	38

表 9-14 管线材质参数汇总

管线材质	弹性模量/GPa	泊松比
混凝土	35	0.3
铸铁	84	0.3
钢材	210	0.3

表 9-15 土体参数汇总[244]

土体参数	松砂	中密砂	密实砂
摩擦角 φ/(°)	30.0	35.0	40
重度 γ/(kN/m³)	16.0	17.5	19.0

Klar 等[183]采用解析法对单隧道施工对既有节点管线的影响进行研究，在其对计算结果进行无量纲分析时，转角的归一化处理公式为 ($\theta i/S_{max}$)，Shi 等[255]提出的预测隧道施工所致节点管线的计算公式中，也采用了这一归一化处理公式。在此表达式中同时考虑地层竖向位移表达式的两个参数对计算结果的影响，即 S_{max} 和 i。本节采用修正的高斯分布公式来描述双隧道施工所致地层竖向位移，转角的归一化处理公式中同时考虑了参数 S_{max}、i、α、n 对计算结果的影响，其表达式为 $\theta i(n/2\alpha)^{0.5}/S_{max}$。参考已有学者的研究并结合 9.4 节提出的管-土相对刚度表达式，这里提出一种适用于分析双隧道施工对节点管线影响的管-土相对刚度，即 $\{E_p I_p/\{K_u^{0.9} K_d^{0.1}[(n/2\alpha)^{0.5}i]^4\}\} \cdot (i/L_s)^{0.5}$。

图 9-19 所示为计算所得管-土相对刚度与归一化节点转角的关系，由图 9-19 可知所提出的管-土相对刚度表达式及相对转角的表达式较为合理，且能较好地应用于对本章计算结果的归一化处理。从图 9-19a 中可以看出，地层最大竖向位移点位于管线节点正下方时，当管-土相对刚度小于 0.264 时，随着管-土相对刚度的逐渐增大，管线节点转角也随之逐渐增大；当管-土相对刚度大于 0.264 时，管线节点转角随着管-土相对刚度的增大反而减小。从图 9-19b 中可以看出，地层最大竖向位移点位于管段中点正下方时，当管-土相对刚度小于 0.052 时，随着管-土相对刚度的逐渐增大，管线节点转角也随之逐渐增大；当管-土相对刚度大于 0.052 时，管线节点转角随着管-土相对刚度的增大反而减小。也即，地层最大竖向位移点位于管线节点正下方，且管-土相对刚度小于 0.264 时，管线可视为柔性管；当管-土相对刚度大于 0.264 时，管线可视为刚性管。地层最大竖向位移点位于管段中点正下方，且管-土相对刚度小于 0.052 时，管线可视为柔性管；当管-土相对刚度大于 0.052 时，管线可视为刚性管。

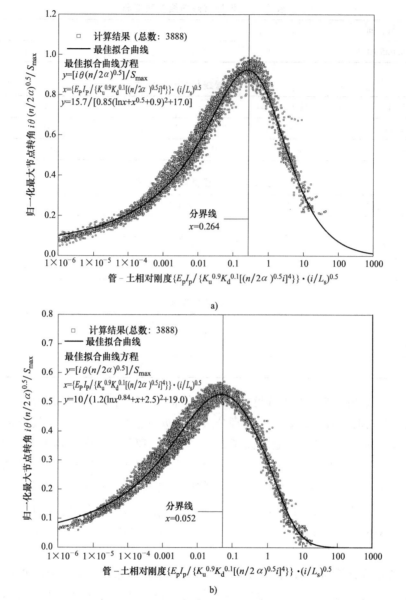

图 9-19 管-土相对刚度与归一化节点转角的关系图

a) 地层最大竖向位移点位于管线节点正下方 b) 地层最大竖向位移点位于管段中点正下方

对图 9-19a、b 中的两组归一化数据进行拟合，可以得到如下表达式。

当地层最大竖向位移点位于管线节点正下方时：

$$y = \frac{15.7}{0.85(\ln x + x^{0.5} + 0.9)^2 + 17.0} \tag{9-40}$$

当地层最大竖向位移点位于管段中点正下方时：

$$y = \frac{10.0}{1.2(\ln x^{0.84} + x + 2.5)^2 + 19.0} \tag{9-41}$$

式中，x 为管-土相对刚度，其表达式为 $\{E_pI_p/\{K_u^{0.9}K_d^{0.1}[(n/2\alpha)^{0.5}i]^4\}\}\cdot(i/L_s)^{0.5}$；$y$ 为归一化的节点转角，其表达式为 $\theta i(n/2\alpha)^{0.5}/S_{max}$。

目前有关双隧道施工对既有节点管线影响的现场实测数据和室内模型试验结果还未见有报道。Vorster[4] 采用离心模型试验对不同地层损失率工况下单隧道施工对既有节点管线的影响进行研究，试验中隧道轴线分别位于节点正下方和管段正下方。图 9-20 所示为拟合表达式计算结果和离心模型试验结果对比，两者能较好地吻合，表明本章拟合所得表达式能用于计算隧道施工所致既有节点管线的最大转角值。

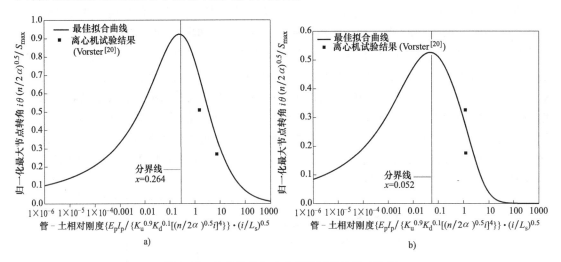

图 9-20 计算结果与离心模型试验结果对比图
a) 地层最大竖向位移点位于管线节点正下方 b) 地层最大竖向位移点位于管段中点正下方

本章所提计算公式不仅能用于计算单隧道施工所致节点管线的最大转角值，且能用于计算双隧道施工所致节点管线的最大转角值。如假设一直径为 0.75m，壁厚为 14mm 的混凝土管，管线弹性模量为 35GPa，管线的抗弯刚度为 76.74GPa，管线轴线至地表之距为 1.8m。隧道施工所致地层沉降参数为 $S_{max}=0.075$m、$\alpha=0.35$、$i=3.5$m，土体峰值内摩擦角为 37.5°，重度为 19kN/m³。$\delta_{ru}=0.01$、$H=0.027$m，$\delta_{rd}=0.1D=0.09375$m，q_u、q_d 分别为 52.47kN/m 和 154.97kN/m。据式（9-4）、式（9-2）可得 K_u、K_d 分别为 1.94MPa 和 16.53MPa，则管-土相对刚度 $\{E_pI_p/\{K_u^{0.9}K_d^{0.1}[(n/2\alpha)^{0.5}i]^4\}\}\cdot(i/L_s)^{0.5}=0.1971$，当双隧道施工所致地层最大竖向位移点位于管线节点正下方时，由式（9-25）可得 $\theta i(n/2\alpha)^{0.5}/S_{max}=0.9199$，则双隧道施工所致节点管线最大转角 $\theta=0.01938$，也即 1.111°；当双隧道施工所致地层最大竖向位移点位于管线节点正下方时，由式（9-26）可得 $\theta i(n/2\alpha)^{0.5}/S_{max}=0.4732$，则双隧道施工所致节点管线最大转角 $\theta=0.009966$，也即 0.571°，两者的值均已超过 Finno 等[250] 建议的节点管线的允许转角值（0.275°）。

9.5.3 预测公式的可靠性及节点管线评价准则

Finno 等[250] 建议当铸铁节点管线的节点最大转角位于 0.54°~0.92°时，管线即达到破坏状态而失去服役功能。节点管线的最大允许转角受诸多因素的影响，如隧道施工前节点的腐蚀程度、节点的连接方式、节点受荷条件等。如在设计工作中所用的节点允许转角值

$\theta_{\text{pallowable}} = 0.73°$,则式(9-40)、式(9-41)可写为:

$$\frac{S_{\max}}{\left(\dfrac{n}{2\alpha}\right)^{0.5}i} = \frac{0.85(\ln x + x^{0.5} + 0.9)^2 + 17.0}{15.7}\theta_{\text{pallowable}} \quad (9-42)$$

$$\frac{S_{\max}}{\left(\dfrac{n}{2\alpha}\right)^{0.5}i} = \frac{1.2(\ln x^{0.84} + x + 2.5)^2 + 19.0}{10.0}\theta_{\text{pallowable}} \quad (9-43)$$

图 9-21 所示为管-土相对刚度与管线节点最大允许转角的关系,仍采用 9.5.2 节的计算实例举例说明,如图 9-21 中的实心方形点所示,实例计算值位于两条分界曲线之间,即对于实例中的工况,当地层最大竖向位移点位于管线节点正下方时,节点管线处于不安全状态,管线将因转角过大而丧失服役功能;当地层最大竖向位移点位于管段中点正下方时,节点管线处于安全状态。图 9-21 中同时给出了 Vorster[4] 所开展的两组离心模型试验结果,当地层损失率分别为 1% 和 2% 时,地层最大竖向位移点位于节点正下方和管段中点正下方时,管线均处于正常工作状态,且随着地层损失率的增大,预测值越来越靠近分界线,也即随着地层损失率的增大,管线逐渐趋于不安全状态。图 9-21 可直接用于单隧道及双隧道施工对既有节点管线安全性影响的评价。

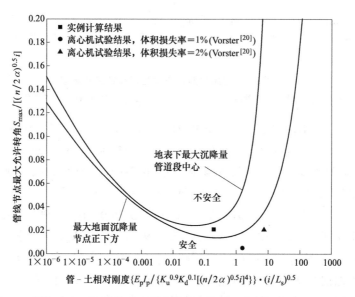

图 9-21 隧道施工对节点管线安全性影响的评价准则

参 考 文 献

[1] 佚名. 城市轨道交通2017年度统计和分析报告[J]. 城市轨道交通, 2018 (4): 8-27.

[2] MAIR R J. Tunnelling and geotechnics: new horizons [J]. Géotechnique, 2008, 58 (9): 695-736.

[3] HOU Y J, FANG Q, ZHANG D L, et al. Excavation failure due to pipeline damage during shallow tunnelling in soft ground [J]. Tunnelling and Underground Space Technology, 2015, 46 (2): 76-84.

[4] VORSTER, THEODORE T E B. Effects of tunnelling on buried pipes [D]. Cambridge: University of Cambridge, 2006.

[5] PECK R B. Deep excavations and tunneling in soft ground [C]//Proc. int. conf. on Smfe, 1969: 225-290.

[6] SCHMIDT B. Settlements and ground movements associated with tunneling in soils [D]. Champaign-Urbana: University of Illinois, 1969.

[7] LOGANATHAN N, POULOS H G. Analytical prediction for tunneling-induced ground movements in clays [J]. Journal of Geotechnical and Geoenvironmental Engineering, 1998, 124 (9): 846-856.

[8] CELESTINO T B, GOMES R, A M P, BORTOLUCCI A A. Errors in ground distortions due to settlement trough adjustment [J]. Tunnelling and Underground Space Technology, 2000, 15 (1): 97-100.

[9] ATTEWELL P B, FARMER I W, GLOSSOP N H. Ground deformations caused by tunneling a silty alluvial clay [J]. Ground Engineering, 1978, 11 (8): 32-41.

[10] ATTEWELL P B, WOODMAN J P. Predicting the dynamics of ground settlement and its derivatives caused by tunneling in soil [J]. Ground Engineering, 1982, 15 (8): 13-22.

[11] CLOUGH G W, SCHMIDT B. Design and performance of excavations and tunnels in soft clays [J]. Developments in geotechnical engineering, 1981, 20: 567-634.

[12] O'REILLY M P, NEW B M. Settlements above tunnels in the United Kingdom-their magnitude and prediction: Tunnelling 82, Papers Presented at the 3rd International Symposium [C]. Inst of Mining and Metallurgy, London, England, Brighton, England, 1982: 173-181.

[13] MAIR R J, TAYLOR R N. Theme lecture: Bored tunneling in the urban environment: Proceedings of the Fourteenth International Conference on Soil Mechanics and Foundation Engineering (Hamburg, 1997) [C]//Proceedings of the Fourteenth International Conference on Soil Mechanics and Foundation Engineering. Hamburg, Balkema. 1997: 2353-2385.

[14] MAIR R J, TAYLOR R N, BRACE G IROLE A. Subsurface settlement profiles above tunnels in clays [J]. Geotechnique, 1993, 43 (2): 315-320.

[15] MOH Z C, JU D H, HWANG R N. Ground movements around tunnels in soft ground [C]//Proceedings of the International Symposium on Geotechnical Aspects of Underground Construction in Soft Ground. London: Balkema AA, 1996, 725-730.

[16] 韩煊, 李宁, STANDING J R. 地铁隧道施工引起地层位移规律的探讨[J]. 岩土力学, 2007, 28 (3): 609-613.

[17] JACOBSZ S W. The effects of tunnelling on piled foundations [D]. Cambridge: University of Cambridge, 2002.

[18] TAYLOR R N, GRANT R J. Tunnelling-induced ground movements in clay [J]. Geotechnical Engineering, 2000, 143 (1): 43-55.

[19] HERGARDEN H, VAN DER POEL J T, VAN DER SCHRIER J S. Ground movements due to tunnelling: Influence on pile foundations [C]//Proc. of the Int. Symp. on Geotechnical Aspects of Underground Con-

struction in Soft Ground. London: AA Balkema, Balkema, London, 1996: 519-524.

[20] VORSTER T E B. Effects of tunnelling on buried pipes [D]. Cambridge: University of Cambridge, 2006.

[21] MARSHALL A M. Tunnelling in sand and its effect on pipelines and piles [D]. Cambridge: University of Cambridge, 2009.

[22] NEW B M, O'REILLY M P. Tunnelling induced ground movements: predicting their magnitude and effects [C]//: Proceedings of the 4th International Conference on Ground Movements and Structures. Invited review paper, Cardiff, Pentech Press, London, 1991: 671-697.

[23] GRANT R J, TAYLOR R N. Centrifuge modelling of ground movements due to tunnelling in layered ground [C]//: Proceedings International Symposium on Geotechnical Aspects of Underground Construction in Soft Ground. RJ Mair & RN Taylor Eds, London, 1996: 507-512.

[24] GRANT R J. Movements around a tunnel in two-layer ground [D]. London: City University London, 1998.

[25] KNOTHE S. Observations of surface movements under influence of mining and their theoretical interpretation: Proceedings of European Conference on Ground Movement [C]. Leeds, UK: University of Leeds, 1957.

[26] ATTEWELL P B, FARMER I W. Ground deformations resulting from shield tunnelling in London Clay [J]. Canadian Geotechnical Journal, 1974, 11 (3): 380-395.

[27] ATKINSON J H, POTTS D M. Stability of a shallow circular tunnel in cohesionless soil [J]. Geotechnique, 1977, 27 (2): 203-215.

[28] RANKIN W J. Ground movements resulting from urban tunnelling: predictions and effects [J]. Geological Society, London, Engineering Geology Special Publications, 1988, 5 (1): 79-92.

[29] LEE C J, WU B R, CHIOU S Y. Soil movements around a tunnel in soft soils [J]. Proc. Natl. Sci. Counc. ROC (A), 1999, 23 (2): 235-247.

[30] JACOBSZ S W, STANDING J R, MAIR R J, et al. Centrifuge modelling of tunnelling near driven piles [J]. Soils and Foundations, 2004, 44 (1): 49-56.

[31] VORSTER T E, KLAR A, SOGA K, et al. Estimating the effects of tunneling on existing pipelines [J]. Journal of Geotechnical and Geoenvironmental Engineering, 2005, 131 (11): 1399-1410.

[32] 刘建航, 侯学渊. 盾构法隧道 [M]. 北京: 中国铁道出版社, 1991.

[33] ATTEWELL P B, TAYLOR R K Ground movements and their effects on structures [C]. Surrey University Press, 1984.

[34] ROWE R K, LO K Y, KACK G J. A method of estimating surface settlement above tunnels constructed in soft ground [J]. Canadian Geotechnical Journal, 1983, 20 (1): 11-22.

[35] LEE K M, ROWE R K, LO K Y. Subsidence owing to tunnelling. I. Estimating the gap parameter [J]. Canadian Geotechnical Journal, 1992, 29 (6): 929-940.

[36] SAGASETA C. Analysis of undrained soil deformation due to ground loss [J]. Geotechnique, 1987, 37 (3): 301-320.

[37] SAGASETA C. Author's reply-Analysis of undrained soil deformation due to ground loss [J]. Geotechnique, 1988, 38 (4): 647-649.

[38] SAGASETA C. Discussion: Analysis of undrained soil deformation due to ground loss [J]. Géotechnique, 1988, 38 (4): 647-649.

[39] VERRUIJT A, BOOKER J R. Surface settlements due to deformation of a tunnel in an elastic half plane [J]. Geotechnique, 1996, 46 (4): 753-756.

[40] SAGASETA C. On the role of analytical solutions for the evaluation of soil deformation around tunnels: Application of Numerical Methods to Geotechnical Problems [C]. CISM Courses and Lectures, 1998.

[41] 陈枫, 胡志平. 盾构偏航引起的地表位移预测 [J]. 岩土力学, 2004, 25 (9): 1427-1431.

[42] 姜忻良, 崔奕, 李园, 等. 天津地铁盾构施工地层变形实测及动态模拟 [J]. 岩土力学, 2005, 26 (10): 1612-1616.

[43] OSMAN A S, BOLTON M D, MAIR R J. Predicting 2D ground movements around tunnels in undrained clay [J]. Géotechnique., 2006, 56 (9): 597-604.

[44] 魏纲. 盾构法隧道统一土体移动模型的建立 [J]. 岩土工程学报, 2007, 29 (4): 554-559.

[45] PINTO F, WHITTLE A J. Ground movements due to shallow tunnels in soft ground. I: analytical solutions [J]. Journal of Geotechnical and Geoenvironmental Engineering, 2013, 140 (4): 4013040.

[46] PINTO F, ZYMNIS D M, WHITTLE A J. Ground movements due to shallow tunnels in soft ground. II: Analytical interpretation and prediction [J]. Journal of Geotechnical and Geoenvironmental Engineering, 2013, 140 (4): 4013041.

[47] VERRUIJT A. A complex variable solution for a deforming circular tunnel in an elastic half-plane [J]. International Journal for Numerical and Analytical Methods in Geomechanics, 1997, 21 (2): 77-89.

[48] 王立忠, 吕学金. 复变函数分析盾构隧道施工引起的地基变形 [J]. 岩土工程学报, 2007, 29 (3): 319-327.

[49] BOBET A. Analytical solutions for shallow tunnels in saturated ground [J]. Journal of Engineering Mechanics, 2001, 127 (12): 1258-1266.

[50] PARK K H. Elastic solution for tunneling-Induced ground movements in clays [J]. International Journal of Geomechanics, 2004, 4 (4): 310-318.

[51] CHOU W, BOBET A. Predictions of ground deformations in shallow tunnels in clay [J]. Tunnelling and Underground Space Technology, 2002, 17 (1): 3-19.

[52] PARK K H. Analytical solution for tunneling-induced ground movement in clays [J]. Tunnelling and Underground Space Technology, 2005, 20 (3): 249-261.

[53] 阳军生, 刘宝琛. 挤压式盾构隧道施工引起的地表移动及变形 [J]. 岩土力学, 1998, 19 (3): 10-13.

[54] 刘波, 陶龙光, 叶圣国, 等. 地铁隧道施工引起地层变形的反分析预测系统 [J]. 中国矿业大学学报, 2004, 33 (3): 277-282.

[55] 施成华, 彭立敏, 刘宝琛. 盾构法施工隧道纵向地层移动与变形预计 [J]. 岩土工程学报, 2003, 25 (5): 585-589.

[56] 韩煊, 李宁. 隧道施工引起地层位移预测模型的对比分析 [J]. 岩石力学与工程学报, 2007, 26 (3): 594-600.

[57] KLAR A, OSMAN A S, BOLTON M D. 2D and 3D upper bound solutions for tunnel excavation using 'elastic' flow fields [J]. International journal for numerical and analytical methods in geomechanics, 2007, 31 (12): 1367-1374.

[58] MOLLON G, DIAS D, SOUBRA A H. Continuous velocity fields for collapse and blowout of a pressurized tunnel face in purely cohesive soil [J]. International Journal for Numerical and Analytical Methods in Geomechanics, 2013, 37 (13): 2061-2083.

[59] KLAR A, KLEIN B. Energy-based volume loss prediction for tunnel face advancement in clays [J]. Géotechnique, 2014, 64 (10): 776-786.

[60] MROUEH H, SHAHROUR I. Three-dimensional finite element analysis of the interaction between tunneling and pile foundations [J]. International Journal for Numerical and Analytical Methods in Geomechanics, 2002, 26 (3): 217-230.

[61] LEE G T K, NG C W W. Effects of advancing open face tunneling on an existing loaded pile [J]. Journal

of Geotechnical and Geoenvironmental Engineering, 2005, 131 (2): 193-201.

[62] NG C W W, LEE G T K. Three-dimensional ground settlements and stress-transfer mechanisms due to open-face tunnelling [J]. Canadian geotechnical journal, 2005, 42 (4): 1015-1029.

[63] CHENG C Y, DASARI G R, CHOW Y K, et al. Finite element analysis of tunnel-soil-pile interaction using displacement controlled model [J]. Tunnelling & Underground Space Technology, 2007, 22 (4): 450-466.

[64] MAŠÍN D. 3D modeling of an NATM tunnel in high K0 clay using two different constitutive models [J]. Journal of geotechnical and geoenvironmental engineering, 2009, 135 (9): 1326-1335.

[65] LIU H Y, SMALL J C, CARTER J P, et al. Effects of tunnelling on existing support systems of perpendicularly crossing tunnels [J]. Computers and Geotechnics, 2009, 36 (5): 880-894.

[66] LIU H, LI P, LIU J. Numerical investigation of underlying tunnel heave during a new tunnel construction [J]. Tunnelling and Underground Space Technology, 2011, 26 (2): 276-283.

[67] NG C W W, Boonyarak T, MAŠÍND. Three-dimensional centrifuge and numerical modeling of the interaction between perpendicularly crossing tunnels [J]. Canadian Geotechnical Journal, 2013, 50 (9): 935-946.

[68] DO N A, DIAS D, ORESTE P, et al. 2D Tunnel Numerical Investigation: The Influence of the Simplified Excavation Method on Tunnel Behaviour [J]. Geotechnical and Geological Engineering, 2014, 32 (1): 43-58.

[69] AMOROSI A, BOLDINI D, DE F, et al. Tunnelling-induced deformation and damage on historical masonry structures [J]. Géotechnique, 2014, 64 (2): 118-130.

[70] FARGNOLI V, GRAGNANO C G, BOLDINI D, et al. 3D numerical modelling of soil – structure interaction during EPB tunnelling [J]. Géotechnique, 2015, 65 (1): 23-27.

[71] SORANZO E, WU W, TAMAGNINI R. Face stability of shallow tunnels in partially saturated soil: centrifuge testing and numerical analysis [J]. Géotechnique, 2015, 65 (6): 454-467.

[72] SOOMRO M A, HONG Y, NG C W W, et al. Load transfer mechanism in pile group due to single tunnel advancement in stiff clay [J]. Tunnelling and Underground Space Technology, 2015, 45: 63-72.

[73] HONG Y, SOOMRO M A, NG C W W. Settlement and load transfer mechanism of pile group due to side-by-side twin tunnelling [J]. Computers and Geotechnics, 2015, 64: 105-119.

[74] HONG Y, SOOMRO M A, NG C W W. et al. Tunnelling under pile groups and rafts: Numerical parametric study on tension effects [J]. Computers and Geotechnics, 2015, 68: 54-65.

[75] XIE X Y, YANG Y B, JI M. Analysis of ground surface settlement induced by the construction of a large-diameter shield-driven tunnel in Shanghai, China [J]. Tunnelling and Underground Space Technology, 2016, 51: 120-132.

[76] POTTS D M. Numerical analysis: a virtual dream or practical reality? [J]. Géotechnique, 2003, 53 (6): 535-573.

[77] POTTS D M. Behaviour of Lined and Unlined Tunnels in Sand [D]. Cambridge: University of Cambridge, 1976.

[78] MAIR R J. Centrifugal modelling of tunnel construction in soft clay [D]. Cambridge: University of Cambridge, 1978.

[79] KIMURA T, MAIR R J. Centrifugal testing of model tunnels in soft clay [C]. 1981.

[80] GUTTLER U, STOFFERS U. Investigation of the deformation and collapse behaviour of circular lined tunnels in centrifuge model tests [J]. Certrifi, es in Soil Mechanics. Rotterdam, Balkema, 1988: 183-186.

[81] WU B R, CHIOU S Y, LEE C J. Soil movements around parallel tunnels in soft ground: Centrifuge [C].

Tokyo, 1998.

[82] NG C W W, WONG K S. Investigation of passive failure and deformation mechanisms due to tunnelling in clay [J]. Canadian Geotechnical Journal, 2013, 50 (4): 359-372.

[83] OCAK, I. Interaction of longitudinal surface settlements for twin tunnels in shallow and soft soils: the case of Istanbul Metro [J]. Environmental Earth Sciences, 2013, 69 (5): 1673-1683.

[84] ADDENBROOKE T I, POTTS D M. Twin Tunnel Interaction: Surface and Subsurface Effects [J]. International Journal of Geomechanics, 2001, 1 (2): 249-271.

[85] KOOI C B, VERRUIJT A. Interaction of circular holes in an infinite elastic medium [J]. Tunnelling & Underground Space Technology Incorporating Trenchless Technology Research, 2001, 16 (1): 59-62.

[86] HUNT D. Predicting the ground movements above twin tunnels constructed in London Clay [D]. Birmingham: University of Birmingham, 2005.

[87] CHAPMAN D N, AHN S K, HUNT D V, et al. The use of model tests to investigate the ground displacements associated with multiple tunnel construction in soil [J]. Tunnelling and Underground Space Technology incorporating Trenchless Technology Research, 2006, 21 (3): 413-419.

[88] KARAKUS M, OZSAN A, BASARIR H. Finite element analysis for the twin metro tunnel constructed in Ankara Clay, Turkey [J]. Bulletin of Engineering Geology & the Environment, 2007, 66 (1): 71-79.

[89] CHAPMAN D N, AHN S K, HUNT D V L. Investigating ground movements caused by the construction of multiple tunnels in soft ground using laboratory model tests [J]. Canadian Geotechnical Journal, 2007, 44 (6): 631-643.

[90] SUWANSAWAT S, EINSTEIN H H. Describing settlement troughs over twin tunnels using a superposition Technique [J]. Journal of Geotechnical & Geoenvironmental Engineering, 2007, 133 (4): 445-468.

[91] CHEHADE F H, SHAHROUR I. Numerical analysis of the interaction between twin-tunnels: Influence of the relative position and construction procedure [J]. Tunnelling & Underground Space Technology, 2008, 23 (2): 210-214.

[92] CHAKERI H, HASANPOUR R, HINDISTAN M A, et al. Analysis of interaction between tunnels in soft ground by 3D numerical modeling [J]. Bulletin of Engineering Geology & the Environment, 2011, 70 (3): 439-448.

[93] CHEN S L, GUI M W, YANG M C. Applicability of the principle of superposition in estimating ground surface settlement of twin- and quadruple-tube tunnels [J]. Tunnelling & Underground Space Technology, 2012, 28 (1): 135-149.

[94] OCAK I. A new approach for estimating the transverse surface settlement curve for twin tunnels in shallow and soft soils [J]. Environmental Earth Sciences, 2014, 72 (7): 2357-2367.

[95] DIVALL S, GOODEY R J, TAYLOR R N. The influence of a time delay between sequential tunnel constructions [C] Paper presented at the 8th International Conference on Physical Modelling in Geotechnic, 2014.

[96] DO N A, DIAS D, ORESTE P. Three-dimensional numerical simulation of mechanized twin stacked tunnels in soft ground [J]. Journal of Zhejiang University SCIENCE A, 2014, 15 (11): 896-913.

[97] 台启民，张顶立，房倩，等. 暗挖重叠地铁隧道地表变形特性分析 [J]. 岩石力学与工程学报，2014 (12): 2472-2480.

[98] FANG Q, ZHANG D L, LI Q Q, et al. Effects of twin tunnels construction beneath existing shield-driven twin tunnels [J]. Tunnelling and Underground Space Technology, 2015, 45: 128-137.

[99] TRAN-MANH H, SULEM J, SUBRIN D. Interaction of circular tunnels in anisotropic elastic ground [J]. Géotechnique, 2015, 65 (4): 287-295.

[100] DO N A, DIAS D, ORESTE P. 3D numerical investigation on the interaction between mechanized twin tunnels in soft ground [J]. Environmental Earth Sciences, 2015, 73 (5): 2101-2113.

[101] 马少坤, 陈欣, 吕虎, 等. 不同埋置位置隧道对群桩影响的离心模型试验 [J]. 中国公路学报, 2015, 28 (8): 67-73.

[102] LOGANATHAN N, POULOS H G, STEWART D P. Centrifuge model testing of tunnelling-induced ground and pile deformations [J]. Géotechnique, 2000, 50 (3): 283-294.

[103] NG C W W, LU H, PENG S Y. Three-dimensional centrifuge modelling of the effects of twin tunnelling on an existing pile [J]. Tunnelling and Underground Space, 2013, 35 (4): 189-199.

[104] LEE C J J, CHIANG K H H. Responses of single piles to tunneling-induced soil movements in sandy ground. [J]. Canadian Geotechnical Journal, 2007, 44 (10): 1224-1241.

[105] 马险峰, 余龙, 李向红. 不同下卧层盾构隧道长期沉降离心模型试验 [J]. 地下空间与工程学报, 2010, 6 (1): 14-20.

[106] ONG C W. Centrifuge model study of tunnel-soil-pile interaction in soft clay [D]. Singapore: National University of Singapore, 2009.

[107] MARSHALL A M, MAIR R J. Tunneling beneath driven or jacked end-bearing piles in sand [J]. Revue Canadienne De Géotechnique, 2011, 48 (12): 1757-1771.

[108] MARSHALL A M, Farrell R, KLAR A, et al. Tunnels in sands: the effect of size, depth and volume loss on greenfield displacements [J]. Géotechnique, 2012, 62 (5): 385-399.

[109] JACOBSZ S W, BOWERS K H, MOSS N A, et al. The effects of tunnelling on piled structures on the CTRL [C]//5th International Symposium on Geotechnical Aspects of Underground Construction in Soft Ground, Amsterdam: Taylor & Francis, 2005.

[110] 孙庆, 杨敏, 冉侠, 等. 隧道开挖对周围土体及桩基影响的试验研究 [J]. 同济大学学报 (自然科学版), 2011, 39 (7): 989-993.

[111] 马亮, 高波. 隧道施工地表沉降控制的离心模型试验 [J]. 施工技术, 2005, 34 (6): 6-8.

[112] RAN X. Tunnel pile interaction in clay [D]. Singapore: National Univeresity of Singapore, 2004.

[113] 马少坤, 邵羽, 吕虎, 等. 地下水位循环变化时隧道开挖对群桩的长期影响研究 [J]. 岩土力学, 2016, 37 (6): 1563-1568.

[114] 邵羽, 刘莹, 江杰, 等. 不同埋深双隧道开挖对邻近群桩承载能力的影响研究 [J]. 现代隧道技术, 2018, (55) (1): 133-139.

[115] 马少坤, WONG K S, 吕虎, 等. 膨胀土地基中隧道施工对群桩影响研究 [J]. 岩土力学, 2013, 34 (11): 3055-3060.

[116] CHEN L T, POULOS H G, Loganathan N. Pile responses caused by tunneling [J]. Journal of Geotechnical and Geoenvironmental Engineering, 1999, 125 (3): 207-215.

[117] LOGANATHAN N, POULOS H G, XU K J. Ground and pile-group responses due to tunnelling [J]. Soils & Foundations, 2001, 41 (1): 57-67.

[118] 黄茂松, 张宏博, 陆荣欣. 浅埋隧道施工对建筑物桩基的影响分析 [J]. 岩土力学, 2006, 27 (8): 1379-1383.

[119] 朱逢斌, 杨平, ONG C W. 盾构隧道开挖对邻近桩基影响数值分析 [J]. 岩土工程学报, 2008, 30 (2): 298-302.

[120] 王炳军, 李宁, 柳厚祥, 等. 地铁隧道盾构法施工对桩基变形与内力的影响 [J]. 铁道科学与工程学报, 2006, 3 (3): 35-40.

[121] 柳厚祥, 方风华, 李宁, 等. 地铁隧道施工诱发桩基变形的数值仿真分析 [J]. 中南大学学报 (自然科学版), 2007, 38 (4): 771-777.

[122] LEE C J, JACOBSZ S W. The influence of tunnelling on adjacent piled foundations [J]. Tunnelling & Underground Space Technology, 2006, 21 (3): 430.

[123] 黄钟晖, 马少坤, 周小兵, 等. 隧道开挖对临近不同相对刚度比桩基影响研究 [J]. 广西大学学报 (自然科学版), 2012, 37 (1): 165-172.

[124] 张宏博, 黄茂松, 王显春, 等. 浅埋隧道穿越建筑物桩基的三维有限元分析 [J]. 同济大学学报 (自然科学版), 2006, 34 (12): 1587-1591.

[125] CHENG C Y, DASARI G R, LEUNG C F, et al. 3D numerical study of tunnel-soil-pile interaction [J]. Tunnelling and Underground Space Technology, 2004, 19 (4): 381-382.

[126] 陈先国, 高波. 地铁近距离平行隧道有限元数值模拟 [J]. 岩石力学与工程学报, 2002, 21 (9): 1330-1334.

[127] 王敏强, 陈胜宏. 盾构推进隧道结构三维非线性有限元仿真 [J]. 岩石力学与工程学报, 2002, 21 (2): 228-232.

[128] MA S K, ZHOU X B, HU P, et al. Dimensional Influence of Tunneling on Adjacent Pile Foundation [J]. Applied Mechanics & Materials, 2011, 90: 639-644.

[129] YOO C, KIM S B. Three-dimensional numerical investigation of multifaced tunneling in water-bearing soft ground [J]. Canadian Geotechnical Journal, 2008, 45 (10): 1467-1486.

[130] 杨超, 黄茂松, 刘明蕴. 隧道施工对临近桩基影响的三维数值分析 [J]. 岩石力学与工程学报, 2007, 26 (S1): 2601-2607.

[131] POULOS H G. Prediction of behavior of pile building foundations due to tunneling operations [C]. Geotechnical Aspects of Underground Construction in Soft Ground, Kastnen Emeriault, Dias, Guilloux (eds), 2002: 341-347.

[132] 杨晓杰, 邓飞皇, 聂雯, 等. 地铁隧道近距穿越施工对桩基承载力的影响研究 [J]. 岩石力学与工程学报, 2006, 25 (6): 1290-1295.

[133] 芮勇勤, 岳中琦, 唐春安, 等. 隧道开挖方式对建筑物桩基影响的数值模拟分析 [J]. 岩石力学与工程学报, 2003, 22 (5): 735.

[134] 杜彬, 谭忠盛, 王梦恕. 地铁车站洞桩法施工对地层及邻近桩基的影响规律 [J]. 北京交通大学学报, 2008, 32 (3): 30-36.

[135] 黎岩. 隧道开挖对邻近桩基侧摩阻力的作用机理分析 [D]. 北京: 北京交通大学, 2008.

[136] 李强, 王明年, 李德才, 等. 地铁车站暗挖隧道施工对既有桩基的影响 [J]. 岩石力学与工程学报, 2006, 25 (1): 184.

[137] 李早, 黄茂松. 隧道开挖对群桩竖向位移和内力影响分析 [J]. 岩土工程学报, 2007, 29 (3): 398-402.

[138] 李进军, 王卫东, 黄茂松, 等. 地铁盾构隧道穿越对建筑物桩基础的影响分析 [J]. 岩土工程学报, 2010, 32 (s2): 166-170.

[139] 方勇, 何川. 地铁盾构隧道施工对近接桩基的影响研究 [J]. 现代隧道技术, 2008, 45 (1): 42-47.

[140] 韩进宝, 熊巨华, 孙庆, 等. 邻近桩基受隧道开挖影响的多因素三维有限元分析 [J]. 岩土工程学报, 2011, 33 (s2): 339-344.

[141] YANG M, SUN Q, LI W C, et al. Three-dimensional finite element analysis on effects of tunnel construction on nearby pile foundation [J]. Journal of Central South University of Technology, 2011, 18 (3): 909-916.

[142] 赵志峰. 盾构隧道施工对桥梁桩基影响的数值分析 [J]. 武汉理工大学学报, 2010, 32 (15): 47-50.

[143] 侯玉伟. 盾构隧道侧向穿越桩基时对桩体土体及地面变形的影响 [J]. 城市轨道交通研究, 2010, 13（5）：71-74.

[144] XU K J. POULOS H G. 3-D elastic analysis of vertical piles subjected to "passive" loadings [J]. Computers & Geotechnics, 2001, 28（5）：349-375.

[145] ZHANG R J, ZHENG J J, PU H F, et al. Analysis of excavation-induced responses of loaded pile foundations considering unloading effect [J]. Tunnelling & Underground Space Technology, 2011, 26（2）：320-335.

[146] MU L L, HUANG M S, FINNO R J. Tunnelling effects on lateral behavior of pile rafts in layered soil [J]. Tunnelling & Underground Space Technology Incorporating Trenchless Technology Research, 2012, 28（3）：192-201.

[147] YANG X J, DENG F H WU J J, et al. Response of carrying capacity of piles induced by adjacent Metro tunneling [J]. Mining Science and Technology（China）, 2009, 19（2）：176-181.

[148] 刘枫, 年廷凯, 杨庆, 等. 隧道开挖对邻近桩基工作性能的影响研究 [J]. 岩土力学, 2008, 29（s1）：615-620.

[149] 付文生, 夏斌, 罗冬梅. 盾构隧道超近距离穿越对桩基影响的对比研究 [J]. 地下空间与工程学报, 2009, 5（1）：133-138.

[150] 王丽, 郑刚. 盾构法开挖隧道对桩基础影响的有限元分析 [J]. 岩土力学, 2011, 32（s1）：704-712.

[151] 李文举. 盾构隧道施工对周围土体及既有桩基影响的数值模拟研究 [D]. 上海：上海大学, 2009.

[152] MARSHALL A M. Tunnelling in sand and its effect on pipelines and piles [D]. Cambridge：University of Cambridge, 2009.

[153] 王正兴, 缪林昌, 王冉冉, 等. 砂土隧道施工对下卧管线影响的试验和数值模拟分析 [J]. 岩土工程学报, 2014, 36（1）：182-188.

[154] 徐平. 采动沉陷影响下埋地管道与土相互作用及力学响应研究 [D]. 徐州：中国矿业大学, 2015.

[155] SHI J W, YU W, NG C W W. Three-Dimensional Centrifuge Modeling of Ground and Pipeline Response to Tunnel Excavation [J]. Journal of Geotechnical and Geoenvironmental Engineering, 2016, 142（11）：04016054.

[156] 朱叶艇, 张桓, 张子新, 等. 盾构隧道推进对邻近地下管线影响的物理模型试验研究 [J]. 岩土力学, 2016, 37（s2）：151-160.

[157] 马少坤, 邵羽, 刘莹, 等. 不同埋深盾构双隧道及开挖顺序对临近管线的影响研究 [J]. 岩土力学, 2017, 38（9）：1001-1009.

[158] 马少坤, 刘莹, 邵羽, 等. 盾构双隧道不同开挖顺序及不同布置形式对管线的影响研究 [J]. 岩土工程学报, 2018, 40（4）：689-697.

[159] 彭基敏, 张孟喜. 盾构法施工引起邻近地下管线位移分析 [J]. 工业建筑, 2005, 35（9）：50-53.

[160] 马涛. 隧道施工引起的地层位移及其对邻近地下管线的影响分析 [D]. 长沙：长沙理工大学, 2005.

[161] 毕继红, 刘伟, 江志峰. 隧道开挖对地下管线的影响分析 [J]. 岩土力学, 2006, 27（8）：1317-1321.

[162] 杨朋. 地铁隧道施工对既有管线影响研究 [D]. 成都：西南交通大学, 2012.

[163] 王建秀, 邹宝平, 付慧仙, 等. 盾构地层损失与对应地面沉降计算的对比分析 [J]. 铁道工程学报, 2013, 30（9）：72-77.

[164] 王洪德, 崔铁军. 厚硬岩层盾构隧道施工对地下管线影响分析 [J]. 地下空间与工程学报, 2013, 9（2）：333-338.

[165] 戴宏伟，陈仁朋，陈云敏. 地面新施工荷载对临近地铁隧道纵向变形的影响分析研究［J］. 岩土工程学报，2006，28（3）：312-316.

[166] 魏纲，朱奎. 顶管施工对邻近地下管线的影响预测分析［J］. 岩土力学，2009，30（3）：825-831.

[167] KLAR A, VORSTER T E B, SOGA K, et al. Soil-pipe interaction due to tunnelling: comparison between Winkler and elastic continuum solutions［J］. Géotechnique, 2005, 55（6）：461-466.

[168] NG C W W. The state-of-the-art centrifuge modelling of geotechnical problems at HKUST［J］. Journal of Zhejiang University SCIENCE A, 2014, 15（1）：1-21.

[169] SCHOFIELD A N. Geotechnical centrifuge development can correct a soil mechanics error［R］. Keynote lecture to the Tokyo Conference of TC2 "Centrifkge''98".

[170] KO H Y. Summary of the state-of-the-art in centrifuge model testing［J］. Centrifuges in soil mechanics, 1988：11-18.

[171] SCHOFIELD A N. Cambridge geotechnical centrifuge operations［J］. Geotechnique, 1980, 30（3）：227-268.

[172] GARNIER J, GAUDIN C, SPRINGMAN S M, et al. Catalogue of scaling laws and similitude questions in geotechnical centrifuge modelling［J］. International Journal of Physical Modelling in Geotechnics, 2007, 3（3）：1-23.

[173] TAYLOR R N. Geotechnical Centrifuge Technology［M］. London: Blackie Academic & Professional, 1995.

[174] NG C, VAN LAAK P, TANG W H, et al. The Hong Kong geotechnical centrifuge［C］// Proceedings of the 3rd International Conference on Soft Soil Engineering. Hong Kong: A A Balkema, 2001：225-230.

[175] NG C W W, VAN LAAK P A, ZHANG L M, et al. Development of a four-axis robotic manipulator for centrifuge modeling at HKUST［C］. Newfoundland, Canada, 2002：71-76.

[176] ISHIHARA K. Liquefaction and flow failure during earthquakes［J］. Géotechnique, 1993, 43（3）：351-451.

[177] JAKY I. The coefficient of earth pressure at rest［J］. Journal Soc of Hungarian Architects & Engineers, 1944.

[178] BOLTON M D. The strength and dilatancy of sands［J］. Geotechnique, 1986, 36（1）：65-78.

[179] YAMASHITA S, JAMIOLKOWSKI M. Stiffness nonlinearity of three sands［J］. Journal of Geotechnical & Geoenvironmental Engineering, 2000, 126（10）：929-938.

[180] FUGLSANG L D, OVESEN N K. The theory of modelling to centrifuge studies, centrifuge in soil mechanics［C］//Centrifuge in soil Mechanics. Rotterdam: A. A. Balkema, 1988.

[181] ZHANG F, JIN Y, YE B. A try to give a unified description of Toyoura sand［J］. Soils and Foundations, 2010, 50（5）：679-693.

[182] KLAR A, VORSTER T E SOGA K, et al. Elastoplastic solution for Soil-Pipe-Tunnel interaction［J］. Journal of Geotechnical & Geoenvironmental Engineering, 2007, 133（7）：782-792.

[183] KLAR A, MARSHALL A M, SOGA K, et al. Tunneling effects on jointed pipelines［J］. Canadian Geotechnical Journal, 2008, 45（1）：131-139.

[184] SHIRLAW J N, ONG J C W, ROSSER H B, et al. Local settlements and sinkholes due to EPB tunnelling［J］. Geotechnical Engineering, 2003, 156（4）：193-211.

[185] ABRAMS A J. Earth Pressure Balance (EPB) tunneling induced settlements in the tren urbano project, rio piedras, puerto rico［D］. Boston: Massachusetts Institute of Technology, 2007.

[186] STANDING J R, BURLAND J B. Unexpected tunnelling volume losses in the Westminster area, London［J］. Géotechnique, 2006, 56（1）：11-26.

[187] GAMIER J. Physical models in geotechnics: state of the art and recent advances［C］. First Coulomb lecture, Caquot Conference, 3rd October, Paris. 2001：1-51.

[188] ATTEWELL P B, YEATES J, SELBY, et al. Soil movements induced by tunnelling and their effects on pipelines and structures [M]. Glasgow: Blackie, 1986.

[189] YEATES J, GEDDES J D. The response of buried pipelines to ground movements caused by tunnelling in soil [C]//Ground Movements and Structures: Proc., 3rd Int. Conf. held at the University of Wales Institute of Science and Technology. Cardiff, 1984: 129-144.

[190] 姚仰平, 张丙印, 朱俊高. 土的基本特性、本构关系及数值模拟研究综述 [J]. 土木工程学报, 2012 (3): 127-150.

[191] ROSCOE K H, POOROOSHASB H B. A theoretical and experimental study of strains in triaxial compression tests on normally consolidated clays [J]. Géotechnique, 1963, 13 (1): 12-38.

[192] YAMAKAWA Y, HASHIGUCHI K, IKEDA K. Implicit stress-update algorithm for isotropic Cam-clay model based on the subloading surface concept at finite strains [J]. International Journal of Plasticity, 2010, 26 (5): 634-658.

[193] ROSCOE K H. Mechanical behaviour of an idealised 'wet' clay [C]//Pro. Europeon Conf. on soil Mechanics and Foundation Engineering, iesbaden, 1963, 1: 47-54.

[194] SCHOFIELD A N, WROTH P. Critical state soil mechanics [M]. London: McGraw-Hill, 1968.

[195] ATKINSON J H, RICHARDSON D, STALLEBRASS S E. Effect of recent stress history on the stiffness of overconsolidated soil [J]. Geotechnique, 1990, 40 (4): 531-540.

[196] 沈珠江. 应变软化材料的广义孔隙压力模型 [J]. 岩土工程学报, 1997, 19 (3): 14-21.

[197] MATSUOKA H, JUN-ICHI H, KIYOSHI H. Deformation and failure of anisotropic sand deposits [J]. Soil mechanics and foundation engineering, 1984, 32 (11): 31-36.

[198] YONG R N, NAGARAJ T S. Investigation of fabric and compressibility of a sensitive clay, Proceedings of international symposium on soft clay [C]. Bangkok: Asian Institute of Technology, 1977: 327-333.

[199] LADD C C, FOOT R, ISHIHARA K, et al. Stress-deformation and strength characteristics [C] //State-of-art Report, Tokyo, 9th International Conference of Soil Mechanics and Foundation Engineering, 1977.

[200] MESRI G, CHOI Y K. Settlement Analysis of Embankments on Soft Clays [J]. Journal of Geotechnical Engineering, ASCE, 1985, 111 (4): 441-464.

[201] BJERRUM L. Engineering Geology of Norwegian Normally-Consolidated Marine Clays as Related to Settlements of Buildings [J]. Geotechnique, 1967, 17 (2): 83-118.

[202] SUN D A, HUANG W X, SHENG D C, et al. An Elastoplastic Model for Granular Materials Exhibiting Particle Crushing [J]. Key Engineering Materials, 2007, 340-341: 1273-1278.

[203] ERIKSSON L G. Temperature effects on consolidation properties of sulphide clays [C]//Proceedings of the Twelfth International Conference on Soil Mechanics and Foundation Engineering. Rotterdam: Balkema Publishers/ Taylor & Francis, 1989: 2087-2090.

[204] CAMPANELLA R G, MITCHELL J K. Influence of temperature variation on soil behavior [J]. Journal of the Soil Mechanics & Foundations Division, 1968, 94: (3): 709-734.

[205] LEE C J. Numerical analysis of the interface shear transfer mechanism of a single pile to tunnelling in weathered residual soil [J]. Computers & Geotechnics, 2012, 42 (5): 193-203.

[206] BRAY J D, BOULANGER R W, CHEW S H, et al. Finite Element Analysis in Geotechnical Engineering: Computing in Civil Engineering and Geographic Information Systems Symposium [C]. ASCE, 2010.

[207] DASARI G R, RAWLINGS C G, BOLTON M D. Numerical modelling of a NATM tunnel construction in London Clay [J]. Geotechnical aspects of underground construction in soft ground, 1996: 491-496.

[208] ADDENBROOKE T I, POTTS D M, PUZRIN A M. The influence of pre-failure soil stiffness on the numerical analysis of tunnel construction [J]. Géotechnique, 1997, 47 (3): 693-712.

[209] SHI J W. Investigation of three-dimensional tunnel responses due to basement excavation [D]. Hong Kong: The Hong Kong University of Science and Technology, 2015.

[210] MAŠÍN D. Comparison of predictive capabilities of selected elasto-plastic and hypoplastic models for structured clays [J]. Soils and Foundations, 2009, 49 (3): 381-390.

[211] MAŠÍN D, KHALILI N. A hypoplastic model for mechanical response of unsaturated soils [J]. International Journal for Numerical and Analytical Methods in Geomechanics, 2008, 32 (15): 1903-1926.

[212] MAŠÍN D. Clay hypoplasticity model including stiffness anisotropy [J]. Géotechnique, 2014, 64 (3): 232-238.

[213] DAFALIAS Y F. Bounding Surface Plasticity. I: Mathematical Foundation and Hypoplasticity [J]. Asce J. of Engrg. mechanics, 1986, 112 (9): 966-987.

[214] KOLYMBAS D. An outline of hypoplasticity [J]. Archive of Applied Mechanics, 1991, 61 (3): 143-151.

[215] GUDEHUS G. A comprehensive constitutive equation for granular materials [J]. Soils and foundations, 1996, 36 (1): 1-12.

[216] VON WOLFFERSDORFF P A. A hypoplastic relation for granular materials with a predefined limit state surface [J]. Mechanics of Cohesive-Frictional Materials, 1996, 1 (3): 251-271.

[217] WU W, BAUER E, KOLYMBAS D. Hypoplastic constitutive model with critical state for granular materials [J]. Mechanics of materials, 1996, 23 (1): 45-69.

[218] GUDEHUS G, MAŠÍN D. Graphical representation of constitutive equations [J]. Géotechnique, 2009, 59 (2): 147-151.

[219] HERLE I, GUDEHUS G. Determination of parameters of a hypoplastic constitutive model from properties of grainassemblies [J]. Mechanics of Cohesive-Frictional Materials, 1999, 4 (5): 461-486.

[220] NIEMUNIS A, Herle I. Hypoplastic model for cohesionless soils with elastic strain range [J]. Mechanics of Cohesive-Frictional Materials, 1997, 2 (4): 279-299.

[221] CLAYTON C R I. Stiffness at small strain: research and practice [J]. Géotechnique, 2011, 61 (1): 5-37.

[222] ATKINSON J H. Non-linear soil stiffness in routine design [J]. Géotechnique, 2000, 50 (5): 487-508.

[223] BURLAND J B. Small is beautiful-The stiffness of soils at small strains [J]. Can. geotech. j, 1989, 26 (4): 499-516.

[224] GRAMMATIKOPOULOU A, ZDRAVKOVIC L, POTTS D. The influence of previous stress history and stress path direction on the surface settlement trough induced by tunnelling [J]. Géotechnique, 2008, 58 (4): 269-281.

[225] SVOBODA T, MAŠÍN D, BOHAČ J. Class A predictions of a NATM tunnel in stiff clay [J]. Computers & Geotechnics, 2010, 37 (6): 817-825.

[226] BAUER E. Calibration of a comprehensive hypoplastic model for granular materials [J]. Soils and foundations [J]. Journal of the Japanese Geotechnical Society Soils & Foundation, 1996, 36 (1): 13-26.

[227] 王洪波, 邵龙潭, 熊保林. 确定亚塑性模型参数 n、h_s 的一种改进方法 [J]. 岩土工程学报, 2006, 28 (9): 1173-1176.

[228] 李德胜, 李大勇. 双孔隧道盾构施工对邻近桩基变形和内力的研究 [J]. 铁道勘测与设计, 2008 (2): 40-44.

[229] NG C W W, LU H. Effects of the construction sequence of twin tunnels at different depths on an existing pile [J]. Canadian Geotechnical Journal, 2014, 51 (2): 173-183.

［230］ HONG P C. Effects of tunnel construction on nearby pile foundations［J］. Ph D, 2006（4）：703-708.

［231］ 马少坤，吕虎，WONG K S，等. 双隧道对群桩影响的三维离心模型试验研究［J］. 岩土工程学报，2013, 35（7）：1337-1342.

［232］ MAIR R J. Geotechnical aspects of design criteria for bored tunnelling in soft ground［C］//Proceedings of World Tunnel Congress on Tunnels and Metropolis. Sao Paulo：1998：183-199.

［233］ KLAR A, ELKAYAM I, MARSHALL M. Design Oriented Linear-Equivalent Approach for Evaluating the Effect of Tunneling on Pipelines［J］. Journal of Geotechnical & Geoenvironmental Engineering, 2016, 142（1）.

［234］ KLAR A, MARSHALL A M. Linear elastic tunnel pipeline interaction：The existence and consequence of volume loss equality［J］. Géotechnique, 2015, 65（9）：788-792.

［235］ IWASAKI T, TATSUOKA F, TAKAGI Y. Shear Moduli of Sands under Torsional Shear Loading［J］. Journal of the Japanese Society of Soil Mechanics & Foundation Engineering, 1978, 18（1）：39-56.

［236］ MAIR R J, TAYLOR R N, BRACEGIRDLE A. Subsurface settlement profiles above tunnels in clay［J］. Géotechnique, 1995, 43（2）：361-362.

［237］ TRAUTMANN C H, O'ROURKE T D. Load-displacement characteristics of a buried pipe affected by permanent earthquake ground movements［J］. American Society of Mechanical Engineers, Pressure Vessels and Piping Division, 1983, 77.

［238］ TRAUTMANN C H, O'ROURKE T D. Lateral Force-Displacement Response of Buried Pipe［J］. Journal of Geotechnical Engineering, 1985,（9）：1077-1092.

［239］ AMERICAN SOCIETY OF CIVIL ENGINEERS. Guidelines for the Seismic Design of Oil and Gas Pipeline Systems［S］. New York：American Society of Civil Engineers, 1984.

［240］ HONEGGER D G, GAILING R W, NYMAN D J. Guidelines for the Seismic Design and Assessment of Natural Gas and Liquid Hydrocarbon Pipelines：International Pipeline Conference［C］. American Society of Mechanical Engineers Digital Collection, 2002：563-570.

［241］ VESIC A B. Bending of beams resting on isotropic elastic solid［J］. Journal of the Engineering Mechanics Division, 1961, 87（EM2）：35-53.

［242］ TAKAGI N, SHIMAMURA K, NISHIO N. Buried pipe response to adjacent ground movements associated with tunneling and excavations［C］//Proceedings of the 3rd International Conference on Ground Movements and Structures, 1984：9-12.

［243］ WANG Y, SHI J W, NG C W W. Numerical modeling of tunneling effect on buried pipelines［J］. Canadian Geotechnical Journal, 2011, 48（7）：1125-1137.

［244］ POULOS H G. Analysis of Longitudinal Behavior of Buried Pipes［C］Analysis and Design in Geotechnical Engineering. 2010.

［245］ RANDOLPH M F. The response of flexible piles to lateral loading［J］. Geotechnique, 1981, 31（2）：247-259.

［246］ SAIYAR M, NI P, TAKE W A. et al. Response of pipelines of differing flexural stiffness to normal faulting［J］. Géotechnique, 2015, 3（4）：1-12.

［247］ MARSHALL A M, KLAR A, MAIR R J. Tunneling beneath buried pipes：view of soil strain and its effect on pipeline behavior［J］. Journal of Geotechnical and Geoenvironmental Engineering, 2010, 136（12）：1664-1672.

［248］ IITK-GSDMA guidelines for seismic design of buried pipelines［S］. Indian Institute of Technology Kanpur, 2007.

［249］ AENOR. Pipeline engineering standard：UNE 19101-2015［S］. Madrid：Grupo Planeta, 2015.

[250] FINNO R J, MOLNAR K M, ROSSOW E C. ANALYSIS OF EFFECTS OF DEEP BRACED EXCAVATIONS ON ADJACENT BURIED UTILITIES [J]. Deformation, 2003.

[251] BALKAYA M, MOOREB I D, SAGLAMER A. Study of non-uniform bedding due to voids under jointed PVC water distribution pipes [J]. Geotextiles & Geomembranes, 2012, 34 (10): 39-50.

[252] SAIYAR M, Moore I D, TAKE W A. Kinematics of jointed pipes and design estimates of joint rotation under differential ground movements [J]. Canadian Geotechnical Journal, 2015, 52 (11): 1714-1724.

[253] VORSTER T E B, Mair R J, SOGA K. Using BOTDR fiber optic sensors to monitor pipeline behavior during tunnelling [C]. European Workshop on Structural Health Monitoring. July 5-7, Granada, Spain, 2006.

[254] KIM J, NADUKURU S S, POUR-GHAZ M, et al. Assessment of the Behavior of Buried Concrete Pipelines Subjected to Ground Rupture: Experimental Study [J]. Journal of Pipeline Systems Engineering & Practice, 2012, 3 (1): 8-16.

[255] SHI J W, SHI J W, WANG Y, et al. Numerical parametric study of tunneling-induced joint rotation angle in jointed pipelines [J]. Canadian Geotechnical Journal, 2016, 53 (12): 2058-2071.